苏乐 __ 著

爆款写作的底层逻辑

手把手带你拆解爆款文案
一次就能复制成功并超越

 10万+  8万+  999+

微信朋友圈・小红书・抖音・头条
玩转新媒体写作 / 营销文案 / 职场应用文写作
让知识变成你的财富

中国纺织出版社有限公司

内容提要

本书注重提升读者的写作逻辑与实操能力，一步步帮你搭建写作的框架，并把AI训练为你的最佳助手，提升职场的产出效益。

本书特别适合写作新手和进阶写手阅读，能够帮助前者建立写作的底层认知，培养其自媒体运营和AI实操能力，能够帮助后者放大自己的行业影响力，最终成为懂内容、懂用户、懂平台、懂赚钱、懂AI的超级个体。想要建立自媒体认知和提升逻辑思维能力的朋友也不能错过这本书。另外，本书也适合作为学校、传媒公司或相关培训机构的教材使用。

图书在版编目（CIP）数据

爆款写作的底层逻辑/苏乐著.--北京：中国纺织出版社有限公司，2024.4
ISBN 978-7-5229-1576-0

Ⅰ.①爆… Ⅱ.①苏… Ⅲ.①写作学 Ⅳ.①H05

中国国家版本馆CIP数据核字（2024）第066683号

责任编辑：郝珊珊　　责任校对：王蕙莹　　责任印制：储志伟

中国纺织出版社有限公司出版发行
地址：北京市朝阳区百子湾东里A407号楼　邮政编码：100124
销售电话：010—67004422　传真：010—87155801
http://www.c-textilep.com
中国纺织出版社天猫旗舰店
官方微博 http://weibo.com/2119887771
鸿博睿特（天津）印刷科技有限公司印刷　各地新华书店经销
2024年4月第1版第1次印刷
开本：710×1000　1/16　印张：15
字数：198千字　定价：62.80元

凡购本书，如有缺页、倒页、脱页，由本社图书营销中心调换

前言

这项技术有什么前途

写作是一项适用于多场景的技能。小到说话的表达逻辑，一个观点的输出，一篇几百字的朋友圈文案，大到会议上的公开演讲，经营自媒体打造个人品牌，为客户策划一篇软文广告……写作能力都是一项让大家受益终身的通用技能。

写作是一项通用型的行业必备技能。一个教师，只有会写教案才能传授知识；一个销售员，只有懂得好好规划朋友圈，才能吸引客户关注你，建立起链接与信任；一个美容从业者，只有懂得输出自己的专业观点，你塑造出来的形象才更加鲜活立体；一个小说家，只有懂得如何写故事，才能把情节打造得跌宕起伏，引人入胜，给读者带来过山车般的体验感；一个公司创始人，只有知道如何梳理创业故事，才能把你的品牌势能无限放大。换句话说，其他专业性技能，也许换个行业就用不上了，但是会写作的人，他去到哪都更容易引起别人的注意。为自己塑造一个高能量、有态度、有逻辑的高价值形象，不知不觉就能收服人心，帮助你过上想要的人生。

这本书的特色

- **图文并茂**：笔者为本书精心制作了100多张图表。图文结合可减轻阅读压力，新手可轻松入门。
- **全面提升**：从写作入门到能力提升，从品牌互动到变现模式的构建，手把手带你全维度成长。
- **内容新颖**：书中提出了独树一帜的写作观点，并囊括当下热门的AI写作技巧，给你带来耳目一新的内容。
- **经验总结**：全面归纳和整理作者多年的爆文写作与培训教学实践经验。
- **案例丰富**：结合学员故事、亲身经历和名人案例进行多维讲解，帮助你更好地消化与吸收知识。
- **通俗易懂**：用简单的方式把复杂的学科内容掰开、揉碎进行讲解。

这本书包括什么内容

本书包含7个板块的内容，包括写作规划、赛道选择、搭建内容、日常练习、锁定客户、平台借势、掌握AI写作技巧。笔者从各方面进行讲解与分析，帮助你从0到1提升爆款写作能力，构建职场影响力，一步步成为未来时代的超级个体。

目录
CONTENTS

第 1 篇 内功篇

01 第1章 绘蓝图：如何开始你的写作计划 ✳ 003

1.1 趋势认知：这个世界正在狠狠奖励会写作的人 003
- 1.1.1 提升结构化思考力，成为复杂世界里的明白人 004
- 1.1.2 留下作品，打造社会名片和思想贡献 005
- 1.1.3 用输出倒逼输入，打造学习闭环 006
- 1.1.4 节约推广成本，创造利润空间 007
- 1.1.5 提升名气和影响力，提升客户黏度 008
- 1.1.6 链接资源，构建管道收入 009

1.2 内外动力：拔高你的写作动机 010
- 1.2.1 把动机寄托于外部激励，你的写作之路只能半途而废 010
- 1.2.2 长久的驱动力，取决于足够高的写作动机 012
- 1.2.3 拔高写作动力，如何正确行动 014

1.3 停止内耗：清除你的行动卡点 016
- 1.3.1 清除卡点一：准备好了再行动 016
- 1.3.2 清除卡点二：文笔不行与写作无缘 017
- 1.3.3 清除卡点三：写得非常好才能发表 018
- 1.3.4 清除卡点四：拒绝零和思维，建立双赢思维 018

1.4 对标牛人：从 0 到 1 规划你的写作之路　020

1.4.1　找到牛人的 3 个途径　020
1.4.2　拆解牛人的写作路径　021

1.5 拆解目标：让你的年度目标不再是喊口号，5 分钟就能落实执行　023

1.5.1　每个写作高手都有自己的目标执行表　024
1.5.2　为什么你的目标，从来都是喊口号　025
1.5.3　如何生成你的年月日执行表　027

1.6 积累势能：不断积累里程碑事件，才能推进大成就　030

1.6.1　写作越来越没成就感，想放弃，原因在这里　030
1.6.2　不断积累里程碑事件，才能推进大成就　030
1.6.3　一张清单，快速提升写作效能感　031

02 第 2 章

定赛道：盘点内容定位，开启写作之旅　035

2.1 行动钩：适合普通人的 7 个内容创作方式　036

2.1.1　职业经历法：行业专家是写出来的　036
2.1.2　婚姻生活法：你习以为常的东西，可能就是别人的认知盲区　037
2.1.3　痛点分享法：曾经治愈你的，照样可以治愈别人　037
2.1.4　学习方向法：高手都是以教为学　038
2.1.5　读书思考法：不做知识的囤积者，去做知识的分享者　039
2.1.6　采访牛人法：采访的牛人多了，你迟早也是牛人　039
2.1.7　对标榜样法：先学习，再超越　040

2.2 清单表：5W2H 模型，一张清单帮你策划内容创作方向　041

2.2.1　蚂蚁思维和蝈蝈思维　041
2.2.2　5W2H 法则帮你策划一个吸金账号　041

目录

2.3 信任锤：找到故事人设，建立用户信任锤　045

2.3.1 打造好人设，你需要具备故事力　046
2.3.2 写好 4 类故事，在用户心中形成信任锤　047

2.4 感知层：找准个人的写作风格，做好 5 点就够了　049

2.4.1 文字风格：适合你的就是最好的　050
2.4.2 排版风格：传递内容理念，形成审美　051

03 第3章

搭内容：如何高效地写出一篇优质爆款文章　057

3.1 寻找灵感：4 个方法让写作灵感如泉涌　057

3.1.1 热门影视剧　057
3.1.2 融入热词　058
3.1.3 九宫格组合法　058
3.1.4 平台热榜　059

3.2 确定选题：3 步帮你策划 10 万 + 爆款选题　059

3.2.1 好的选题符合 5 个维度　060
3.2.2 剥洋葱分析法，帮你深挖一个话题　061
3.2.3 如何包装选题，赢得超 10 万点击量　063

3.3 标题公式：读者爱看的标题长什么样？8+3 公式让你提笔就写　064

3.3.1 圈定法　065
3.3.2 汇总法　065
3.3.3 数据法　065
3.3.4 如何法　066
3.3.5 背书法　066
3.3.6 留白法　066
3.3.7 冲突感　067

003

3.3.8 故事法 067
3.3.9 好标题的秘诀：三段式 + 组合法 + 测试法 067

3.4 写作框架：4 个万能写作结构，让你轻松驾驭任何文体 068

3.4.1 黄金圈 3W 法 069
3.4.2 1+3+1 法 070
3.4.3 SGX 模型：事实 + 感受 + 行动 071
3.4.4 情绪 G 点法：痛点 + 对比 + 信任 + 行动 072

3.5 案例收集：让你的案例比别人的更吸睛 073

3.5.1 如何把老故事写出新意 074
3.5.2 别人为什么知道那么多新颖的故事？不知道 5 个素材来源就亏了 075

3.6 观点练习：不会写观点？ 4+3 组合拳让写作像呼吸一样简单 077

3.6.1 正反练习法 078
3.6.2 黄金三点法 079
3.6.3 读书扩写法 079

3.7 金句秘籍：搜索力比记忆力更靠谱，3 个实用小妙招让你高效写作 080

3.7.1 常见的金句模式 080
3.7.2 提升搜索力：3 招快速找到你要的金句 081

3.8 修改 5 步法：帮你打磨出一篇优质爆款文 082

3.8.1 标题修改 083
3.8.2 头尾修改 083
3.8.3 故事修改 083
3.8.4 病句修改 084
3.8.5 错别字修改 084

04 第4章 勤练习：从小白到高手，功夫要用在平时 ※ 087

4.1 文件夹：3个步骤打造素材库，灵感多得写不完 087

4.1.1 写作不是记住信息，而是锚定信息 088
4.1.2 想要写出爆款文章，用黄金3点法打造灵感库 090
4.1.3 延伸和整理素材库的方法，从小白快速进阶为高手 097

4.2 不知道写什么，没太多时间写作，从7个创意写作开始 099

4.2.1 梦境记录法 099
4.2.2 六顶思考帽思维法 100
4.2.3 看图训练法 102
4.2.4 星球流浪法 103
4.2.5 作者对话法 105
4.2.6 精英茶会法 105

4.3 心锚法：养成写作习惯，你只需要这3把黄金钥匙 106

4.3.1 植入心锚，更容易养成写作习惯 106
4.3.2 养成写作习惯，你需要做到这3点 107

4.4 闭环器：6种读书方法，轻松打造知识体系 109

4.4.1 专题读书法 110
4.4.2 作家读书法 111
4.4.3 功效读书法 111
4.4.4 针线读书法 112
4.4.5 剪刀读书法 113
4.4.6 锤子读书法 113

4.5 生产力：会玩就会写作，玩商是最大的写作生产力 114

4.5.1 会写作的人，都有很高的玩商 114
4.5.2 如何把玩变成写作生产力 115

4.6 撬动点：爆文拆解，拆 1 篇胜读 10 本写作书　117

4.6.1　写作不能埋头赶路，还要抬头看天　117
4.6.2　如何拆解爆款文　118

4.7 降落伞：写作瓶颈期，5 个方法帮你轻松度过　122

4.7.1　每个写作者都会经历瓶颈期　123
4.7.2　为什么会产生瓶颈期　123
4.7.3　5 个方法，帮助你顺利度过瓶颈期　124

4.8 故事力：3 个技巧，让你的故事更有感染力和冲击力　127

4.8.1　为什么你的故事像白开水一样平淡　128
4.8.2　3 个技巧，让你的故事走进读者内心　129

05 第 5 章

锁用户：培养用户思维，更容易写出受欢迎的好内容　133

5.1 被转发的爆款文案，都满足了用户的 4 个需求　133

5.1.1　身份感　134
5.1.2　实用感　134
5.1.3　新知感　134
5.1.4　参与感　135

5.2 灵感源泉：你的用户就是行走的灵感宝典　135

5.2.1　爆款作家都在读者群寻找创作灵感　135
5.2.2　你的用户就是行走的灵感宝典　137
5.2.3　像了解恋人一样了解用户　138

5.3 用户体验：参与感，让用户更愿意转发你的内容　139

5.3.1　小米的社群经济：参与感到底有多重要　140
5.3.2　什么样的用户更适合做内容交互　140
5.3.3　如何写出有参与感的文案　141

5.4 深度链接：和 30 个用户深度链接，有助于写出爆款内容　143

5.4.1 用户共创有什么好处，又该如何邀请用户参与共创　143
5.4.2 成立小组是用户共创的最好渠道　144
5.4.3 如何邀请用户共创内容　145

5.5 提升转化：如何快速说服用户下单，成为行走的内容种草机　146

5.5.1 内容没人看，没人下单，是因为踩了这个坑：老太太买水果的案例　147
5.5.2 马斯洛需求法，帮你深度挖掘用户的痛点需求　148
5.5.3 五步写作法，帮你写出能吸金的种草文案　148

选平台：向平台借势，让你的内容成为爆款收割机　※ 153

6.1 不会选平台，导致迟迟无法开始　153

6.1.1 平台没选对，再努力都白费　154
6.1.2 决策模型：选择适合自己的平台　155

6.2 内容暗器：5 个高手们的内容工具箱，助你写出平台喜欢的爆款文　157

6.2.1 小白与高手的差距，在于是否掌握了内容暗器　158
6.2.2 5 款内容暗器，让你的内容更受平台与读者欢迎　159

6.3 热门加持：4 个技巧，帮助你的内容快速上平台热门　161

6.3.1 什么样的内容更容易引爆平台流量　161
6.3.2 4 个技巧，帮助你的内容快速上热门　163

6.4 流量闭环：公私域流量闭环，如何做好平台管理　165

6.4.1 为什么要做公私域流量闭环　165
6.4.2 如何做好公私域平台的管理　167

6.5 内容变现：平台主流的 5 种内容变现模式　170

6.5.1 知识付费　171
6.5.2 号店一体　172
6.5.3 软文推广　173
6.5.4 培训模式　174
6.5.5 投稿变现　176

6.6 财富能量：别让不好意思阻碍你成为有钱人　178

6.6.1 为什么你这么努力，还没有成为有钱人　178
6.6.2 测试你是否存在财富卡点　180
6.6.3 如何破除自己身上的收钱卡点　182

6.7 一鱼多吃：让你的写作产生多重价值　184

6.7.1 你的收入模式具有反脆弱性吗　184
6.7.2 一鱼多吃的 3 重价值　185
6.7.3 如何做好一鱼多吃　186

6.8 团队架构：多平台运营，如何安排团队的人员配比　191

6.8.1 个人品牌发展的 2 个阶段：钟摆式周期与水平式稳定期　192
6.8.2 团队成员从哪来　193
6.8.3 如何更好地对接配合，做好团队管理　195
6.8.4 赛马管理，提升团队战斗力　197

07 如何借助 AI 写出爆款文案　201

第 7 章

7.1 AI 文案的价值超乎你的想象　201

7.1.1 适应大环境的职场需求　202

7.1.2　提升写作效率　202
7.1.3　提升创造力　203

7.2　创业者如何用 AI 帮忙写朋友圈　203

7.2.1　AI 可以帮你写生活类文案　203
7.2.2　AI 写作可以帮你写产品文案　206
7.2.3　如何给 AI 下指令，才能获得高质量的文案　210

7.3　如何用 AI 批量写出小红书文案　212

7.3.1　借助 AI 批量写文案的 3 个步骤　213
7.3.2　借助 AI 批量写文案，需要注意 4 点　213

7.4　AI 可以写哪些文案　216

7.4.1　采访大纲　216
7.4.2　视频文案　217
7.4.3　写书大纲　218
7.4.4　行业报告　219
7.4.5　小红书文案　219
7.4.6　热点文案　219

7.5　大师级提问：AI 高效创作的 4 个方法　220

7.5.1　提供尽量多的关键字　220
7.5.2　使用多个网站整合信息　221
7.5.3　多角度提问　221
7.5.4　进行身份设置　221

7.6　创作者如何拥抱 AI 的变化与挑战　222

7.6.1　多元化发展　222
7.6.2　不断学习　223
7.6.3　寻求新的职业机会　223
7.6.4　发挥人类优势　223

第1篇

内功篇

打开这本书的朋友，相信你一定是对写作感兴趣的，或许是想提升表达能力，或许想借助写作获得经济回报，又或许只是单纯喜欢写作而已。不管你的出发点是什么，有一点是肯定的，那就是写作必须修炼"内功"，再去谈其他。

这就好像你打算建造一栋楼房，第一步肯定是打地基，少了这一步，再华丽的建筑都是豆腐渣工程，风一吹就倒了。有坚实的地基，打造出来的房子会更加坚固，经得起风雨的侵蚀和岁月的考验。

内功如此重要，那我们是不是应该着重去修炼呢？这本书会教你如何修内功，打地基，稳扎稳打之后厚积薄发，最终建造一座属于你的写作大楼，给你的人生带来安身立命的支点。

第1章 绘蓝图：如何开始你的写作计划

有句话你一定听过：人永远赚不到认知以外的财富。一个人的认知决定了他赚钱的模式和方法。

拥有写作认知的人，就像拿着一幅地图在走路，眼前有什么路可选，应该走哪个方向都是清楚的，这样更容易到达终点；而没有地图的人，就像在摸着石头过河，走一步算一步，甚至走错了都不知道，费了九牛二虎之力，也不一定能到达想要去的终点。这种差别如表1-1所示。

表1-1 写作的认知差距

有写作认知的人	没有写作认知的人
能够认识写作的好处，产生更大的动力	盲目跟风，容易受到外界影响而动摇
更容易克服困难坚持下来	遇到任何问题都容易放弃
更容易制订可行计划	很难制订靠谱的计划，或计划往往大而空很难落地
更容易找到可持续的商业模式	不容易找到合适的变现方向

— 1.1 —
趋势认知：这个世界正在狠狠奖励会写作的人

不会写作，你只是看到了世界，会写作的人，却可以让世界看到自己。几年前我还在一家IT公司从事文案工作，每天工作十几小时，是公司最早打卡、最晚下班的一个，一年过去了，我的月薪纹丝不动。新媒体部门作为我们公司服务于IT部门的附属组织，并没有什么上升渠道，也无法提供什么有效资源，继续待下去，恐怕也很难升职加薪。那时候写作副业已有起色的我，果断辞职，开始全职做写作博主。

一年时间，时薪就翻了100倍。

2019年开始，我被企业邀请去他们公司为员工上课，回来后继续在线上给企业陪跑做 IP 孵化。这几年我陆续跑过云南、合肥、广州、深圳、南京等地，一节课就可以赚到上班时半个月的薪水。全职写作后，我第一次发现挣钱如此轻松，还非常受尊重。那时候前老板都想找我谈合作，聊聊怎么结合自媒体提升公司的品牌影响力，降低推广费用。

像我这样的例子不胜枚举。比如在外企上班，利用下班时间写作，如今成为畅销书作家的博主赵星。

写作的好处超乎想象，从个人成长层面出发，写作对于普通人的价值体现在几个方面。

※ 1.1.1 提升结构化思考力，成为复杂世界里的明白人

花一秒钟看清事情本质的人，和花了一辈子都看不出本质的人，所过的人生是不一样的。

开会的时候，老板突然问你对一件事的看法，你却脑子空白，反应迟钝，想半天都说不出个所以然，从此老板再也不问你了，渐渐地你成了职场边缘人。每逢这时，你旁边的小王总是讲得眉飞色舞，有理有据，老板听得频频点头，颇为赞赏，于是升职加薪的机会就落在别人头上。

参加活动，同样听完一节课，你只会苍白地点评几句，"讲得不错，很精彩"，然后就没有"然后"了。而别人的点评总是特别到位，从课堂复盘到自己的思考延伸，总是引起大家的一片喝彩声，于是别人更愿意和他交朋友，有什么机会也总是优先想到他，而你总被淡忘。

为什么同样的机会，别人总是能抓住，而你只能眼睁睁看它溜走呢？区别就在于，别人有结构化的思考力，总是能恰如其分地表达自己的思想与洞见，而你只有一些零零散散的想法，没办法在一团乱麻中找到思维的

线头，把它们有条理、有秩序地表达出来。你想过没，缺乏思考力这件事，到底让你失去了多少机会？

在这点上，我算是很有发言权的人了。从学生时代开始，我就是一个很没有存在感的人，因为我不爱说话，连社交沟通都很困难。有时候别人问我一些想法和意见，我就像茶壶里煮饺子——有嘴倒（道）不出，只会附和别人，久而久之，别人就给我打上了无趣沉闷的标签。后来我更发现，别人去哪都能很快交上朋友，我却很难和别人快速建立关系。因为当你没有想法，没有主见，没有表达发声时，别人是看不到你的存在的，那么自然而然地，别人有什么好的对象，好的工作机会，自然也不会给你。

我的人生困境，最终因为写作打破了。

和原来的我完全不同，现在的我变成了朋友圈公认的能说会道的人。慢慢地有很多朋友想找我去他们公司做销售、带团队。毕业几年后，和读书时代的同学聚会，大家看到我都惊掉下巴：才几年没见，我从班上永远坐在最后一排，不爱说话和发表意见的女同学，变成了互联网上小有名气的写作者，说话谈吐和过去迥然不同。

很多人觉得这种变化不合理，毕竟我没有做销售，也没读过什么口才训练班，这种变化从哪来？

只有我自己清楚，这种变化是有迹可循的。这几年我一直在坚持写作，白天写，晚上写，在家里写，在公司写，在机场写，在旅行的路上写，天长日久的实践，让我锻炼出比以前敏锐的洞察力和表达能力。为了写作，我必须去思考，由表及里，由此及彼去探究一件事的本质，写得多了，别人能想到一点，我可以想到三点，别人只能看到表象，我却可以看到本质。写作是提升思考力的重要方式之一。

❋ 1.1.2 留下作品，打造社会名片和思想贡献

我认识一个"60后"创业妈妈，她年轻时就很喜欢素食文化，花了10年时间在潮汕创办了6家素菜馆。那天我到她的店里吃饭，聊了起来。当她

知道我是一个写作博主时大为惊喜，连忙招呼我留下来喝茶交流。她表达了自己有个出书梦，希望把自己一路挫折却一路高歌猛进的创业经验分享出去，也希望影响更多人喜欢素食文化。

她不仅创业做得漂亮，还有独一份的育儿经。她的两个孩子都是高校博士，更有经商头脑，毕业后为了支持她的创业梦，她的孩子亲自去学习餐饮经验，学成归来便为店里制造出孩子喜欢的糕点，并推出新的经营模式。在这样的改革之下，店里的客人从单一人群覆盖到老中青少全群体。至此，这位妈妈的创业路迎来了新转机，素菜馆才开始扭亏为盈。

这是一个事业和家庭双丰收的智慧女性，她有很多人生经验值得年轻人学习。如果她能出版自己的作品，自然是一件振奋人心的事情。

一个人对家庭、对社会最大的贡献，就是留下正向的、积极的、对社会有益的思想结晶。它可以作为个人的社会名片，作为家族传承的精神财富，可以作为社会人士的学习榜样。而内容需要写作去传播，如果没有文字，没有写作，思想就变成了孤本，精神文明也很难得到传承传播。

你希望记录自己的思想观点吗？希望给子孙后代留下精神遗产吗？希望给社会带去正面的影响吗？如果你对自己的现状不满意，不甘平庸，就拿起写作之笔和生活做斗争吧。

※ 1.1.3 用输出倒逼输入，打造学习闭环

在这个躺不平、卷不动的时代，我们唯一的出路变成"学习"。而学习的途径有很多，读书是性比价最高的一种。

每年春节，朋友圈就会出现一大堆读书计划，到了年底，能够实现的人少之又少。追求"一年要读多少本书"，很难让我们有动力去读书。

真正坚持读书的人，是那群不断写作、不断输出的内容人，因为他们用得上、用得着，能感受到肉眼可见的进步和结果，尝过甜头就不愿意停下来。这就是输出倒逼学习的方法。

光是个人提升，写作带来的好处就数不胜数。我们的日常生活离不开

写作，职场发展更离不开写作，一场谈话、一张简历、一页报告、一场演讲、一条朋友圈文案，统统都是"写作"。

一个把写作做到极致的人，他的人生高度也会超乎常人。我没有见过一个人因为写作这件事损失过什么，却见过很多人因为写作改写命运，成为孩子和伴侣引以为傲的榜样，为家庭和社会也做出巨大贡献。

从商业的层面来讲，写作的回报就更大了。尤其对于创业者来说，写作就是你的天使投资人，可以源源不断给你带来商业价值。

❋ 1.1.4 节约推广成本，创造利润空间

我有个企业客户是做环保项目的，仅仅3年，他们公司就从50平方米搬到市中心500平方米的办公地，团队人数扩大3倍，合作对象从高档小区到单位项目，银行、幼儿园和高端会所都指定他们公司做服务。他的发展就像是开了外挂，很多同行都想知道他为什么这么快在新行业站稳脚跟，还刮起了一股旋风。

答案可能是他们远远没想到的，他靠的就是"写作"。这位创始人一直在知乎、公众号和头条输出自己的行业经验和客户案例，一条爆文就能给他带来几千个客户和加盟商。他不需要像别人那样苦哈哈砸钱找推广，也不需要担心客户资源，因为他本身就能生产流量。这就是当下很火的"低成本"创业模式。

不仅是我这位客户，瑞幸也在尝试这种线上模式。他们通过入驻美团和小红书等线上平台，发布内容和活动吸引用户下单，从而让逐渐失去市场优势的品牌"起死回生"。而他们这样聚集了大批客户的当红品牌，只需要一个门头就能做生意，极大节省了场地和人工成本，可以把更多资源和精力用在产品的研发和打磨上面，形成一种良好的正向循环。

很多创业者支撑不下去，就是因为支出成本太高，盈利几乎为零。而一个会写作的人，他们可以到抖音、小红书、知乎等平台获取免费的流量，带来精准的客户，从而降低公司的运营成本。

如果说，以前不识字的人是文盲，那么在互联网时代，一个不会写作的人，其实也是半个文盲。写作已经是我们职场生存必需的通用技能，无论你从事什么行业，到了哪个年纪，会表达的人就是更受欢迎，更容易获得资源。

※ 1.1.5 提升名气和影响力，提升客户黏度

名气就是影响力，而你的影响力价值千万。对于普通人来说，想要获取更多的商业回报，通过写作提升影响力是弯道超车的方法。假设你现在开了一家公司，根本没有名气和存在感，那么通过在网上写作，就可以撬动无封顶的关注量，有时候一条内容就可以带来几千万的关注，这是线下不可比拟的影响力。

比如我在小红书关注的一位穿搭博主，她曾经开了十多年的服装店，但是实体行业不景气，她这两年的生意都在亏损，好在她爱学习、肯坚持，通过小红书开辟了副业，每天用图文对比的方式，雷打不动地分享她的穿搭技巧，手把手教你如何把基础款穿出高级感，教你打造更好、更贵的形象。一年后她积累了几十万粉丝，每次分享笔记，都有粉丝在评论区询问衣服，都抢着买她的同款。

试想，现在还有什么比写作成本更低，但是商业回报更大的方式呢？写作不需要你投入资本，不需要你囤货，不需要场地，花几个月甚至半年从 0 到 1 地搭建，此刻你可以马上行动，开个账号就能写起来。而你最好的产品就是自己，卖你的人生故事，卖你的创业经验，卖你的育儿方法，不用担心有人模仿你的"产品"。别人可以模仿你的形，但是永远模仿不了你的神，你的粉丝认准了你，就不会轻易流失。这是一辈子的回报，而你的成本仅仅是花点时间去写作，不成功也没有什么损失，成功了回报却很惊人。

※ 1.1.6 链接资源，构建管道收入

有这样一个"90后"女生，她在某个平台全职写作，一年下来积累了小几万粉丝，很快就变现了几百万。她的粉丝不多，为什么变现力度这么大？

原来，她的内容通过平台的推广，被很多品牌看中，她被聘请为企业的操盘手，承包了大量的文案工作。与此同时，她链接到很多出版资源，出版了好几本畅销书，版税超过普通人上班半辈子的工资，甚至因为形象好，个人品牌口碑好，被很多时尚品牌邀请去当模特儿，出场费不菲。

写作是对外发声的扩音器，也是链接资源的传播链。当你还没什么拿得出手的资源和能力时，找一个平台好好写作，是普通人最快崛起的方式。就像那句话说的，互联网时代，普通人可以在3秒内出名。

写作和不写作的人生，就像一个坐飞机，一个在走路，明明从同一条起跑线出发，坐飞机的人已经在十楼喝茶看风景了，走路的人还在路上累得气喘吁吁。速度不一样，高度不一样，人生结果怎么会一样？这种差距体现在表1-2。

表1-2 写作与不写作的人生差距

不写作的人生	写作的人生
思维表达松散单一，抓不到机会	思维表达结构化，更容易获得机会和资源
寂寂无闻，别人记不住你有什么思想和贡献	让人记得住、记得深，给家庭和社会留下有价值的思想
学习记不住、用不上，很难形成知识体系	学习记得牢、用得上、有变现机会，容易形成知识系统
创业推广费用高，很难长期投入，利润空间小	创业推广费用为0，不愁客户和利润
没有名气和影响力，用户黏度低、复购难	有名气和影响力，容易产生用户黏度
很难被看到，缺乏资源和管道收入	容易被看到，各种资源从四面八方涌来，容易获得管道收入

最后我们来总结这节内容，写作对于普通人的好处和价值，具体体现

在以下六个方面：

（1）提升结构化思考力，做复杂世界里的明白人。

（2）留下作品，成为家庭的传承和社会名片。

（3）用输出倒逼输入，打造学习闭环。

（4）节约推广成本，提升利润空间。

（5）提升名气和影响力，撬动免费流量。

（6）链接资源，获得更多渠道收入。

— 1.2 —
内外动力：拔高你的写作动机

稻盛和夫说过，人可以分为三种类型：自燃型、可燃型和不可燃型。

自燃型的人不需要外部刺激，也不需要物质奖励，就能以积极主动的态度去做事。可燃型的人需要外界的鼓励和推动，否则就没有行动的意愿。而不可燃型的人无论如何都很难点燃他的热情，活得就像一条没有梦想更没有执行力的咸鱼。

每个人都渴望成为自燃型人才，这样就可以拥有无限的激情和动力去做事。想要达到这样的状态并不难，只要找到你的做事动机，而写作也同样需要这种内驱力，才能充分发挥个人的能力和热情。

❋ 1.2.1 把动机寄托于外部激励，你的写作之路只能半途而废

有一次我去参加一个书友交流会，活动方式是把大家最近遇到的问题匿名写下来，把纸条放在一起打乱顺序，然后我们抽取三个问题进行交流讨论，帮助书友找到解决之道。

其中有个书友的问题给我留下深刻的印象："想做知乎，却总是没动力。"

大家都非常热心地给他提了各种各样的建议，他听完觉得都有道理，但没有人可以帮他找到重新开始的动力。

这位书友其实早就开始在知乎写作了，发了几篇文章，没有收到自己想要的结果，于是彻底没了动力，而他平时的工作非常忙碌，于是更加不愿意投入这件事了，久而久之就完全丢一边。

可是过后想起来，又觉得有愧疚感——明知道这件事对自己有很大的帮助，却始终坚持不下去。随着互联网趋势的到来，如果他不切入线上领域，本职工作也可能走下坡路。

其实这样的情况并不少见，算是很多写作者的通病。

我有个学员本来在知乎写了几百条回答，粉丝也有小几万了，可我有一天发现她竟然断更了半年。理由让我哭笑不得，因为她觉得物质奖励越来越少了，她不想坚持了。

这两位写作者，都把动力寄托于外部激励，比如数据反馈、物质奖赏，他们很少去挖掘内在动力：我去做写作这件事，可以给我带来什么？这两者有什么不一样呢？有内在动力的人，就像一个圆心固定的圆规，不管怎么旋转舞动，始终拥有稳定的内核，而没有内在动力的人，是缺少内核的。他一直跟着外界走，外界给的反馈好，刺激足够，就有充足的动力，外界给的刺激少，就不愿动弹了。

很多时候，我们以为自己没有去做一件事，是因为自己太懒了，其实懒只是表象，根源在于我们的驱动力不够。当缺乏驱动力时，就算这个东西唾手可得，你也懒得伸手。譬如我那个学员，明明她有非常好的写作功底，也有好几万粉丝，变现十分轻松，但是随着激励越来越少，她的动力也越来越不足。

由此可见，动力这件事对我们写作来说，有多么重要。如果我们不找到自己的长久动力源，就算开始了，也并不持久。

在做事的过程中，人之所以感到快乐，是因为我们体内不断分泌两种激素，一种是多巴胺，另一种是内啡肽。

即刻的物质回报，很容易刺激多巴胺的大量分泌，因此可以带来短暂而强烈的幸福感，但是这种高浓度的快乐，也很容易消失。

而内啡肽需要更强的刺激才能产生，但是维持的时间会更长久。它可以给人带来非凡的创造力，提升我们的工作效率，帮助抵抗哀伤、疲劳和抑郁。

比如长时间运动带来的肌肉撕裂，容易刺激人体发挥补偿作用，产生更多内啡肽，给人更持久的快乐和幸福感。一旦我们在写作上找到更深层的动力，就会产生更多的内啡肽，从而让我们发挥出惊人的专注力和创作力，如图1-1所示。

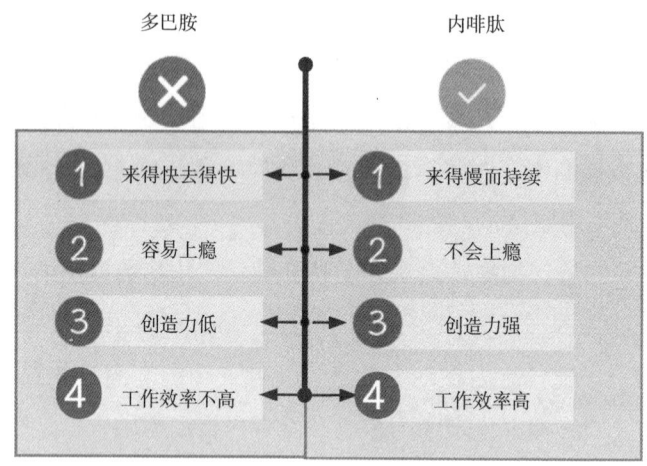

图1-1 人体的两种激素

※ 1.2.2 长久的驱动力，取决于足够高的写作动机

有一段时间，我也遇到类似的情况，甚至都打算封笔了。

一方面是写作的流量大不如前，另一方面是随着业务的发展，我的精力被严重切割，再也无法聚焦在写作上面。这种经历让我产生了很强的挫败感，因为我就是靠写作吃饭的，而我竟然丧失了动力。

好在没多久，我又找到了最初的写作热情，又开始像打鸡血一样，每天严格输出一篇文章。这样的转变是因为什么呢？

某个下午，一个朋友约我做写作咨询。他的专业能力非常强悍，也付费了很多老师，近几个月他帮助客户解决问题成功变现，个人品牌算是迈出了第一步。目前他有了一定的私域流量，但是随着时间的推移，客户已经接近枯竭，亟需外部引流和新的变现产品来增加收入，但是对于平台运营和内容输出，他完全是新手，整个人就像无头苍蝇一样找不到方向。

他告诉我，他付费了很多老师，发现并没有看我的文章来得有价值。很多老师收完费用后并没有像承诺的一样手把手带他，而他铁了心要布局线上，否则不会花几十万元在学习上面，看完我的文章便决定找我当他的顾问老师。

他的话对我的冲击力很大。我以为写不写作都是我一个人的事情，没想到这对于很多人来说，是一件非常遗憾的事情。他们很需要一个负责的老师，在身边找不到，而我的专业能力可以帮助很多人，又愿意认真带他们，为什么不继续输出，为更多人提供一个学习的窗口呢？

有了这样的信念之后，我浑身充满力量，忙的时候每天工作十几小时，也丝毫没有感到疲累。从那一刻开始，我把写作当成我的人生使命。我要影响100万人去写作，去活出光与热的人生，也要帮助更多人打造个人品牌。

在我多年的写作历程中，动力一直在改变，一开始是为了喜欢而写作，后来为了活下去而写作，现在变成了为了帮助别人而写作。喜欢和赚钱都是利己的，一旦满足了也就没有持续的动力，而帮助他人是利他的，是不计回报的，也是循环往复的。最终你付出的，都变成爱、认可和财富源源不断向你奔涌而来，在这个过程当中，你自然更容易坚持下去。

我曾经看到这样一个故事，有三个刷墙工在干活，有路过的人问他们："你们在做什么？"

第一个人眉头紧锁："没看到我在刷墙吗？"第二个人笑容舒展："我在建一座房子。"第三个人则专注手头的工作："我在建设一座美丽的城市。"

十年后，第一个人还是做着原来的工作，第二个人变成了工程师，第三个人变成了这座城市里面数一数二的有钱人。

做着同一份工作，为什么大家的命运截然不同呢？原因就在于大家的动机是不一样的，有人是为了完成老板交代的工作，有人是喜欢这份工作，有人是为了服务更多人。

1.2.3 拔高写作动力，如何正确行动

从刷墙工的例子，我们可以看到，一个人的做事动力分为 3 个维度。做事动机 = 个人动机 × 行业动机 × 社会动机，如图 1-2 所示。

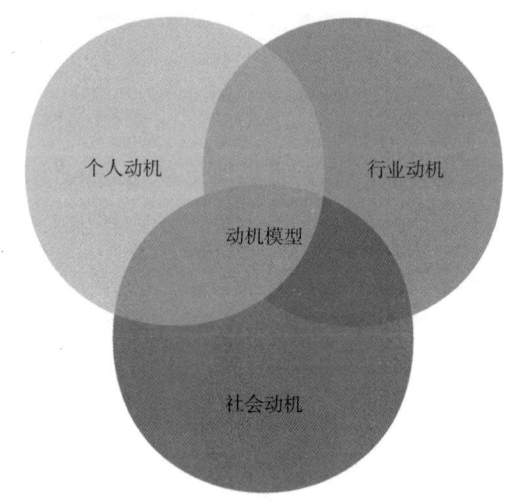

图 1-2 动机模型

它们的排序依次是社会动机 > 行业动机 > 个人动机，如图 1-3 所示。

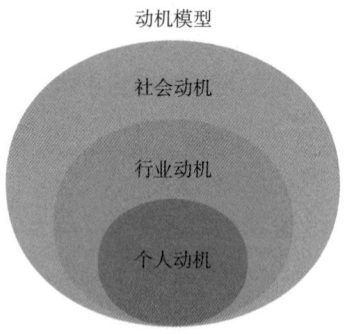

图 1-3 动机排序

越是高维度的动机，越容易给我们持续做事的动力和信心，同时给我们更强的使命感去做事，获得更多人的支持和跟随。

1983 年，乔布斯只用一句话就说服了当时百事的总裁约翰·斯卡利加

入苹果公司:"你是要卖一辈子糖水,还是和我去改变世界?"

显然,没有人可以拒绝这样的雄心壮志。前者是打工人状态,而后者是站在行业和社会的角度去做事,这意味着更宏伟的梦想和更长久的动力,可以在一个人看不到希望的时候,仍然在他的心里燃起梦想的火把。

看到这里的你,一定也希望有这样的格局和高度去做事,那么我们应该如何拔高自己的写作动机呢?以开头那位书友为例子,他是一位电商+工厂创业者,那么我们来帮他梳理一下如何找到写作动机,如表1-3所示。

表1-3 学员的写作动机

个人动机	行业动机	社会动机
提升个人品牌知名度 打造职业的第二曲线	成为行业的标杆人物 传播行业知识和思想文化	影响更多人加入这个行业 把写作的一部分收入捐赠给社会

那么我的动机表格又和他不一样,不过,依然可以找到个人、行业和社会上面的高维度动机,如表1-4所示。

表1-4 笔者的写作动机

个人动机	行业动机	社会动机
提升个人表达和演讲能力 打造个人品牌影响力	成为写作领域的腰部标杆 传播个人自成一派的方法体系	影响50万人爱上写作 凭借出版收入支持社会公益

个人动机是为了满足自己,而行业和社会动机偏向于利他。

这里强调一点,我们的动机不是一下子就从利己转为利他的,一定是我们的利己需要被满足后,才可能更好地去利他。

和一个吃不饱的人谈使命感,对方是听不进去的,但是有了利他心之后,我们会想方设法让自己变得更强大,更有动力去实现目标,也可以在利己心得到满足,动力渐渐消失的时候,有更强的动机去做事,从而促使我们变成某个行业、某个领域的翘楚,做出一番成绩。

1.3 停止内耗：清除你的行动卡点

在一个思维教育课堂上，老师问学生："你们有什么办法可以把房间填满？"

第一个学生拿来很多气球，堆满了一屋子，结果老师看了看气球之间的空隙，不禁摇了摇头。

第二个学生灵机一动，他点亮了手里的一根蜡烛，整个教室充满闪烁的光芒，本以为老师会露出满意的笑容，没想到老师看了看地上的影子，抿着嘴角陷入沉默。

第三个学生往教室的地上丢了一块肥皂，教室里顿时响起欢快的笑声和嬉闹声。你说谁赢了？

年少的岁月里，我们的脑袋里充满各种天马行空的想法，看待世界的眼眸充满了色彩，想要什么就大胆去尝试，完全不会害怕别人的眼光，然而长大之后，我们却被固定的思维限制住了，行为也变得束手束脚。

就拿写作这件事来说，小的时候，我们在日记里随心所欲地写，在文字的海洋里自由自在地畅游，无拘无束地表达自己的想法。长大后，我们反而怕这怕那，明明喜欢写作，可是还没尝试，心底已经打退堂鼓，脑海里响起各种声音。"万一被别人知道我在写作怎么办？""如果写得不好被拒稿怎么办？""我没有那么好的文笔写出来太烂了怎么办？"光是各种思维内耗，已经掏空一个人的精力，别说展开行动了。

如果你想要通过写作获得理想的生活，就要学会抛开各种杂念，全身心投入创作，如图1-4所示。

1.3.1 清除卡点一：准备好了再行动

我问你："一个人想要开始写作，第一步应该做什么？"有人会先去买几本书来学习，有人会去报几门课再开始，有人觉得应该买一台更好的电脑……其实开始写作很简单，直接去写就是了。

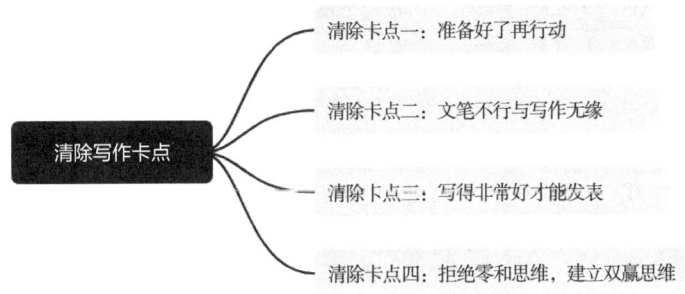

图 1-4　清除写作卡点

很多人之所以觉得自己还没准备好，是因为在等待一个完美的时刻，认为自己需要配置更好的设备，有更充分的知识储备再开始，而这往往会让他陷入一个完美的陷阱。等你把一切都准备好了，你未必还有热情去写作，就算还有残余的冲动，写作也不会因此变得更简单，反而会变得更复杂。写作不是学出来的，也不是准备出来的，而是扎扎实实去写出来的。

1.3.2　清除卡点二：文笔不行与写作无缘

我收到很多这样的提问：老师，看完你的文章我很想写作，可是我文笔不行，适合写作吗？

看完这个男孩的故事，我想你就知道答案了。

男孩在很小的时候就梦想成为作家，当他兴致勃勃地把这个梦想告诉父母时，等待他的却是一巴掌。父母世代务农，家里穷得揭不开锅，连男孩的学费都是砸锅卖铁凑来的，父母只希望他长大后去种田，当作家有什么用？

男孩没有就此抛弃他的梦想，反而开始认真经营。小学的时候，他每天写500字，到了初中，他每天写1000字，考上大学后，他每天写2000字，毕业后每天写3000字。

就是这样日积月累，他成为一名享誉文坛的作家，这个男孩就是林清玄。他一生创作了138部作品，连续10年被评为台湾十大畅销书作家之一。

他的文字犹如空谷幽兰般清新脱俗，受到无数读者的喜爱和认可，而这样的好文笔并不是与生俱来的，而是后天不断练习所得。

开始写作了才有好文笔，而不是有了好文笔才去写作。

※ 1.3.3 清除卡点三：写得非常好才能发表

很多朋友喜欢写作，但是担心自己写得不好，一直不敢发表出来，更不敢让身边的人知道他在写作。

在自媒体时代，每个人都有发声的权利，想要更好地提升写作水平，就要把作品发表出来接受读者的建议。不要一上来就以大师的水平要求自己。完成比完美更重要，不断精进自己，终有一天我们也可以达到心中的标准。100 分的态度永远比 100 分的能力更重要。

※ 1.3.4 清除卡点四：拒绝零和思维，建立双赢思维

龟兔赛跑的故事想必大家都非常熟悉了，兔子因为傲慢心在中途睡觉，最终输给了乌龟。但是很多人不知道，其实这个故事还有一个升级版。

兔子输给乌龟后非常不服气，于是总是出言挑衅乌龟，而乌龟是个脾气温和的家伙，好多次都没理兔子，直到有一次终于拗不过兔子，不得不答应和兔子重新比赛。这次它们选择了一条新的路线。

这一天，森林里的动物都来围观这场盛会，大家热烈地讨论起来，纷纷认为这次一定是兔子胜出。"乌龟那个家伙慢吞吞的，上次不过是侥幸胜出罢了。"紧接着大家笑成一团，似乎都在等着乌龟出洋相。

比赛终于开始了，随着裁判的一声令下，乌龟拼尽全力向前爬行，兔子健步如飞，没几下子，就甩了乌龟好远的距离。可是没多久，兔子就犯难了，眼前横着一条河，而兔子并不擅长游泳，看了看河对面还有很长一段路才能抵达终点，兔子只能呆坐着。

乌龟也陷入沉思，还有这么长的路，按照它的速度，恐怕很难在规定的时间内到达终点。最后它们选择合作，乌龟背着兔子过河，兔子也驮着

乌龟走路，他们同时抵达了终点，一起赢了这场比赛。这一次他们体验到了更大的成就感，也变成了互相帮助的好朋友。

一开始，龟兔存在着零和思维，非要争高下、比输赢，把一方的胜出建立在另一方的失败上，直到它们建立了合作思维，大家才都获得了自己想要的结果。

这样的思维放在写作当中也是常见的，比如有些朋友想要写某些内容，看到一些老师做得很好了，内心就会觉得自己不如对方，也没有属于自己的机会了。"如果不能超越对方，就代表我很失败，那还不如不写。"这就是零和思维的体现。

同行是我们最好的老师，对方已经把这条路跑通了，也有很多现成的经验，我们可以向他们学习，取长补短，未来还可以产生合作。"你有一个苹果，我也有一个苹果，我们就互相拥有两个苹果。可以用一个苹果做水果盘，另一个苹果榨汁，我们的人生就有双倍的精彩。不同的写作思维如图 1-5 所示。

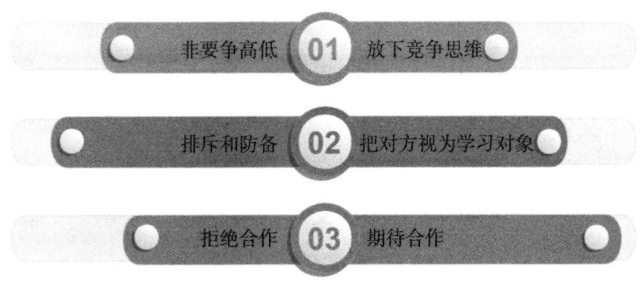

图 1-5　不同的写作思维

1.4
对标牛人：从 0 到 1 规划你的写作之路

身边的朋友知道我的写作经历后，都以为我是专科毕业的，事实并非如此。我当时读的是会计专业，而我从事的行业也和写作毫无关系。很多人都很好奇我是如何开始的。

那时我还在一家私企当办公室文员，无意间在网上看到一个大神在写公众号，还在开培训班、开公司，年入百万，这犹如给我打开了新世界。之前我完全没想过，写作还可以这么挣钱，而且这个大神每天只需要工作 4 小时，剩下的时间完全自由支配。

这不就是我梦想的人生吗？左手是自己热爱的事业，右手是自由的生活。

这给我种下了一颗写作的种子，于是我开始留意和写作有关的一切事情，并且利用下班时间疯狂学习，与此同时尝试做副业输出。不到一年，我就摸透了这个行业的规则和门道，开始向全职写作进击。

那段时间我的成长速度就像坐火箭，开始写出了很多 10 万 + 爆文，在大号上稿，有了自媒体账号和粉丝。而我的方法只有一个，那就是对标牛人，如图 1-6 所示。

※ 1.4.1 找到牛人的 3 个途径

当我在网上看到这个大神的账号，就马上拆解了她的写作路径，从而倒推出我的写作计划，然后一步步照做，很快我就拿到了结果。在 2 年之后，我的账号也得到了这个大神的关注，作品也获得她的好评。

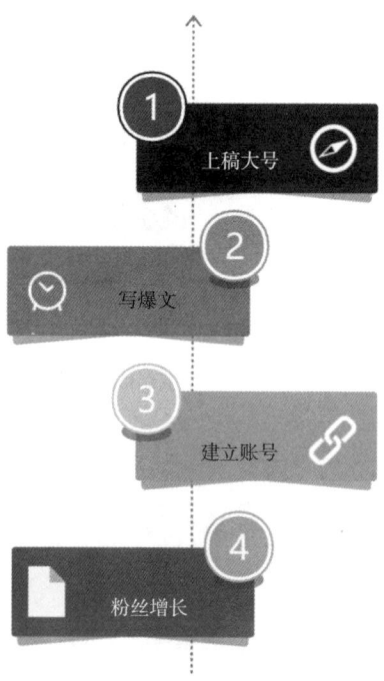

图 1-6 笔者的写作历程

接下来，我会一步步教你，如何找到对标的牛人，并且一步步拆解对方的模式来打造自己的计划，如表1-5所示。

表1-5 找到对标牛人的3个渠道

社交圈	互联网	书籍
从身边的亲朋好友寻找对标人物	从公众号、小红书、知乎、抖音、B站、豆瓣等平台寻找对标人物	从喜欢的畅销书、杂志读物当中寻找对标人物

如果你身边恰好有从事写作的熟人，那是最好不过的，你可以有很多和对方面对面交流的机会，了解更多相关信息，没有也无妨。在互联网时代，我们可以通过各种社交媒体了解到千人千面。各类博主犹如百花齐放，相信你很快就能找到适合自己对标的人选。

如果你还在读书，没有很多使用手机的机会，那么也可以从你喜欢的畅销书和杂志当中找到榜样。在学生时代，我就把两个很喜欢的小说作家视为榜样了，她们是我写作的启蒙老师。

※ 1.4.2 拆解牛人的写作路径

那么，什么样的人适合成为我们的对标榜样呢？他们务必满足这些条件，如表1-6所示。

表1-6 对标榜样的3个条件

正能量	无论是生活还是内容，这个对标人物必须是积极向上的，不写负面、违反道德与大众三观的内容，行事作风也比较正向
够得着	如果一年后就可以超越，对标意义不大，如果五年还没办法追赶上对方，这个差距比较大，三年后能学得对方七八成是比较好的
长期主义	榜样人物必须是一个在写作方面至少坚持三年的人。这样的人静得下心，沉得住气，也有了一套比较成熟的内容和变现机制，值得学习

看到这里，我相信你已经知道谁是你的对标人物了，接下来我们一起来拆解对方的写作路径。以我当时对标的大神为例子，我是这样来进行拆解的，如表1-7所示。

表1-7　拆解牛人的写作路径

名字	变现方式	输出形式	定位人设	更新平台	更新周期	培训模式	培训产品	培训周期
XX	培训，公众号推广，头条流量，头条专栏，出版收入	图文为主视频为辅免费课程引流，付费课程变现	内容定位是情感频道，人设定位是新时代职场妈妈，家庭和睦又经济独立	公众号为主，头条、小红书为辅	日更输出，同时对外征稿	语音+视频+PPT+社群	写作入门课，写作提升课，故事课	每个月开一期

通过细致地拆解，我知道了如何切入这个行业，也非常清楚自己下一步要做什么，那么接下来，我可以对标牛人的路径，形成我的写作计划，如表1-8所示。

表1-8　笔者的写作计划

变现方式	输出形式	定位人设	更新平台	更新周期	培训模式	培训产品	培训周期
培训，公众号推广，头条流量，专栏，付费咨询服务	图文+视频免费课+公益课	定位是写作，人设是一位不断精进的90后潮汕女生	公众号小红书知乎头条	每周更新2—3个作品	语音+PPT+视频+社群	写作课，头条运营课，一对一点评课	两个月开一期课程

形成这个表格之后，接下来我们就知道自己大概怎么做了，但是很多人还是不清楚第一步要从何做起，因为这个表格的内容还是太大了。这里我教大家把计划做得更细、更落地的方法，那就是扩展这个表格，把每一个目标细分到此刻就可以执行起来，如表1-9所示。

表 1-9 执行表

目标	我需要什么条件	第一步做什么
获得培训收入	粉丝、课程、背书	写文章吸粉、做第一门课、打造爆款
公众号推广	有点击量	写出对粉丝有用的文章
头条流量	定期更新、提升点击量	写一些有热度的文章

通过拆解，我们很容易知道自己每天的任务是什么，第一步要做什么，不至于因为目标太大、太空陷入迷茫，也不会觉得执行起来很困难。今天要马上变现比较困难，但是今天要完成一篇文章还是相对容易的，当你做完第一步，你的信心也会大增。

— 1.5 —

拆解目标：让你的年度目标不再是喊口号，5 分钟就能落实执行

"今年要坚持健身""一年要读 100 本书"……每年春节，你是不是总会看到朋友圈一堆口号？可是一年后，有多少人能实现这些目标呢？

多数人做的这些计划，更像是一种喊口号式的自嗨，认为自己有了所谓的计划和目标，就能变得上进努力，但是一年又一年过去了，生活并没有任何改变，再后来，甚至觉得定目标、做计划根本没有用。

我就有一个非常执着做计划表的朋友，过去他每年都会对自己的生活做出详细的规划，但他发现很多事根本不如想象的那样发展，而一旦计划实现不了，他就会心灰意冷。后来他再也不做什么计划表了，任由自己的人生被现实推着往前走。

那么，计划表到底有没有用呢？如果你想要写作，到底需不需要计划表？我们先来看几个故事。

※ 1.5.1 每个写作高手都有自己的目标执行表

时间颗粒度决定了一个人的写作效率。有人的时间颗粒度是分钟，那么他的执行表便是按照分钟的刻度来划分的。有人的时间颗粒度是小时，那么他每小时都会安排得满满当当，有人的时间颗粒度是一天，那么他做事情便是以一天为计算单位。不同的颗粒度决定了一个人对待时间的重视程度，也决定了每个人的时间利用率。不同的时间颗粒度如图 1-7 所示。

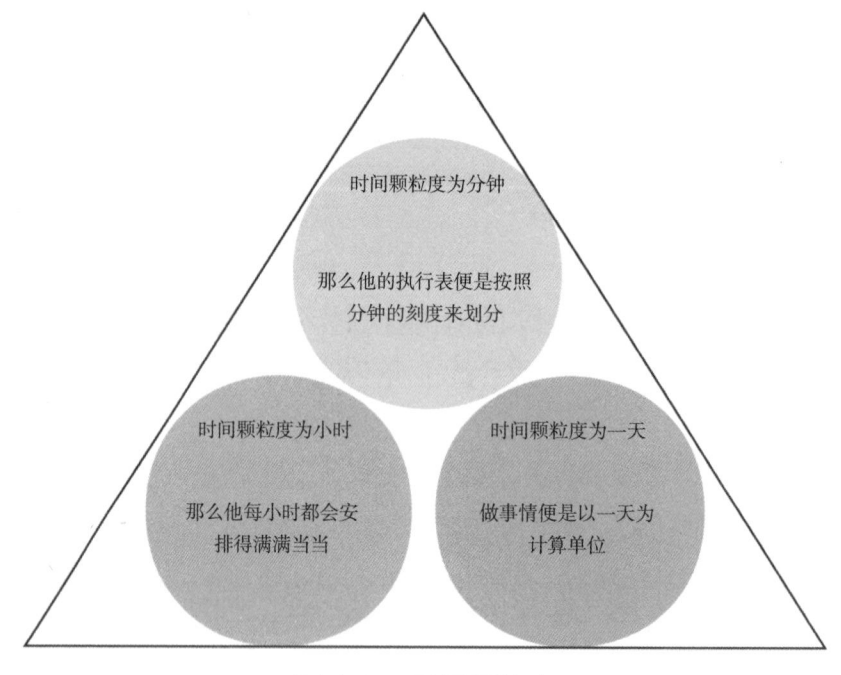

图 1-7　时间颗粒度

也许你认为写作是一件天马行空的事情，并不需要那么严格的计划表，但事实恰恰相反，写作成就越高的人，越是拥有极小的时间颗粒度，为了更好地管理好自己的时间，很多作家都会制订细致的目标执行表。

巴尔扎克每天晚上都会早早进入梦乡，到了半夜一点，仆人便会把他叫醒。巴尔扎克会穿上一件洁白的衣服，泡上一杯提神的黑咖啡，再拿起一支鹅毛笔，愉悦地进入写作之旅，写到早上七点的时候，便会放下笔休息一会。

中午吃完简餐后，他会继续工作到晚上。接下来的时间，则是他和友人的聚会时刻，客人散去，他便安稳地进入梦乡。

很多高产且长期产出的作者，都是把自己的生活打理得井井有条，按照计划表严格地经营着每一天。这样稳定的作息时间，让他们有更好的精神与体力投入写作，也保证自己的工作进度平稳推进。

❋ 1.5.2　为什么你的目标，从来都是喊口号

看完上面的故事，想必你也有所启发。目标执行表就像一把尺子，丈量着我们的生活规章，也像是一个罗盘，总能在繁杂的日常里，告诉我们想要去往的方向。

拥有目标执行表当然是一件好事。总有人能够把梦想照进现实，但也有人一年一年地列计划、喊口号，最终都变成泡沫幻影。这到底是为何？

总的来说，以下 4 点是很多人在列计划的时候容易踩雷的地方，如表 1-10 所示。

表 1-10　目标雷区

目标太大	目标不是你的	没有触发器	不够具体
给人太大压力，没有动力去执行，更不知道从何入手	并不知道自己到底要什么，设立的都是一些看起来华丽但不吸引你的目标	在执行过程中，并没有留下引导行动的触点	目标过于空泛，比如"今年要开始读书"。读什么？读多少？读书的目的到底是什么？怎么才算达到目的？

我们可以自行对照一下，在制定目标表的过程中，我们到底踩了多少雷区。如果一开始没有设置对的目标，哪怕我们有着超强的执行力，也很难收获满意的结果。

从 2018 年开始，我每年都会制订一个非常完美的执行表，连续 5 年，我每一年实现 100 个微梦想。很多读者看完我的年度总结，都感到非常震

撼，也被鼓舞着开始罗列自己的执行表，但是我发现，会列计划的人非常多，能够一整年坚持下去的人，实在少之又少。并不是大家的执行力或者能力不够，而是照搬我的计划表，根本就不是一个好办法。

每个人都是独一无二的，每个人想做的事情自然也会不一样。比如我2021年在出差返程的路上，跑到最近的一个滑翔伞基地去跳伞，2020年去西藏体验7天的义工旅行，还在实践走访国内100家书店和博物馆、采访100位企业家的计划……

很多人会觉得这样的事情很酷，干脆照搬了，但是往往很难收获满意的结果。你可能会羡慕别人的勇敢，但是真正要去实现的时候，可能会觉得太危险了，又或者会增加你不少开销。这样的计划也许会吸引你，但不代表适合你。

此外，每个人适合的生活节奏也不一样。朋友圈的那些早起计划就一定适合你吗？科学研究表明，人的生物钟是由基因决定的，如图1-8所示。

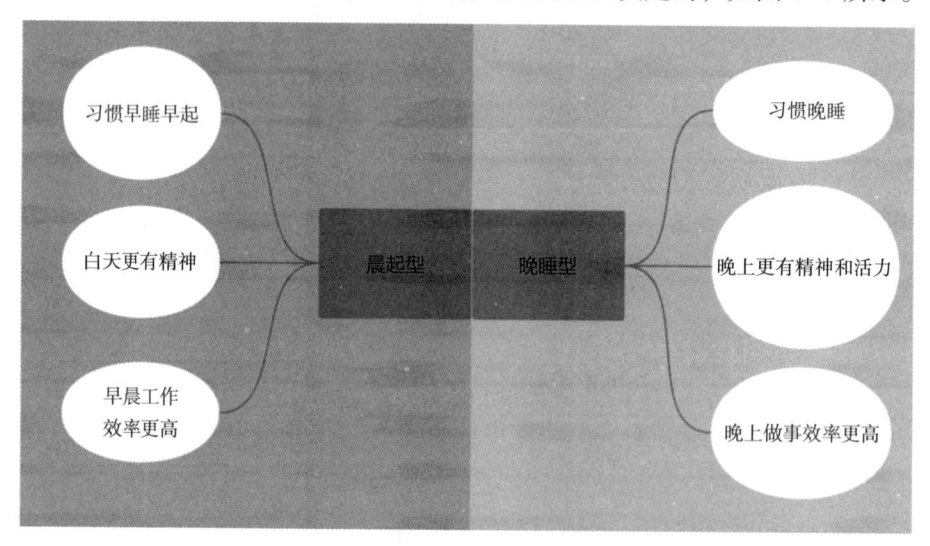

图1-8 基因决定人体生物钟

有的人的生物钟是晨起型，每天早上五六点就能起来写作，可以保持一天的神采奕奕，白天是做事效率最高的时候。有的人则和我一样是晚睡型，晚上的精神比白天更好，创作更有激情。勉强让你五六点起床写作，逆着生物钟做事，不见得能让你如愿以偿。你可能会和我一样，早早起床，却坐在电脑前哈欠连连，难以集中注意力去写作，反而荒废了一个早上，那么早起的意义到底在哪？

在制订计划表的过程中，我们要学会根据自己的特点，为自己量身定做个性化的计划表。只有目标是你发自内心想要的，才有指导行动的意义，否则，制订计划表这件事，只是一种看起来很努力，实则没有任何帮助的"伪勤奋"而已。它也许会让你变得很充实、很忙碌，却永远不会让你过上想要的生活。

✲ 1.5.3 如何生成你的年月日执行表

日剧《我要准时下班》的女主角东山工作非常高效，她总是全公司最早下班的一个，也比同事拥有更多时间去约会，享受下班后的美食与温泉。

东山有个男同事和她相反，他总是加班到最后一个才走，但是工作成果并不显著。为什么看起来差不多的工作，有些人三两下就搞定了，有些人就是怎么努力都很难有高效率，还要牺牲下班时间来完成工作呢？东山发现，原来是因为她找到了高效工作的方法——制订工作计划表。她的同事工作起来缺乏秩序和条理，自然也就没有高效率。

每天早上，东山一到办公室，就会拿出一张便利贴，在上面写下今天要完成的工作，并且按照重要程度做好排列，然后贴在电脑上显眼的位置。这一天，她会按照规划逐一完成工作。这样的执行表让她的注意力十分集中，决不允许无关的事情来干扰自己，也会让她的时间更加高效，可以无缝衔接完成诸项任务。

在写作这件事上，我们也需要生成自己的执行表，按照年月日去规划与行动。就像作家王潇的畅销书所说的，写下来的愿望更容易实现。

以我的年度计划——出版一本畅销书为例，它看起来非常大，十分遥远，那么我是如何把这个年度梦想，慢慢细化到月度梦想和每天都能落地的执行表呢？如表 1-11 所示。

表 1-11　笔者的年月日计划

年度计划	需要什么条件	月度计划	日计划
出版第一本畅销书	内容	每个月写 4 篇文章	假设每篇文章为 2000 字 每天仅需完成 266 字
	人脉	每个月引流 30 个微信好友	每天只需引流 1 个好友
	平台扩散	每个月涨粉 2000 个	每天只需增粉 66 个

以上，是我的年度执行表细化到月计划再到日计划。这样去一步步延伸，就知道每天该做什么、不该做什么，把我们的时间精力和资源都聚焦在目标上面，不做无关的浪费和消耗。

我把这个计划表教给学员后，得到更多不同的计划表，如表 1-12 所示。

表 1-12　学员的年月日计划

年度计划	需要什么条件	月度计划	日计划
成为小红书拥有 5 万粉丝的博主，打造第二曲线	学习小红书运营	一个月时间和苏乐学习小红书课程	每天完成复盘作业 300 字，并在小红书进行实操
	输出内容	每个月更新 7~9 条笔记	每天关注微博、知乎和公众号找写作素材，平均输出 200~300 字
	变现模式	打造开店、专栏和咨询产品	拆解博主的变现模式并设计一门课

通过上文的介绍，我们可以了解到，写作执行表不是凭空想象出来的，也不是照搬别人的，而是要结合自己的年度目标，倒推出这个目标需要哪些条件，然后就能生成最适合自己的月度和日计划表格。花一年时间去写作，我们一定可以得到自己想要的结果。

不过别忘了，目标的制定并非大笔一挥就可以，而是要切合实际。有四点原则是我们务必牢记的：

具体：好的目标不能假大空，看起来很炫，但是执行起来毫无方向。最好要有数据和具体的人物、地点和对象。那种阅读完多少本书的计划之所以很难实现，就是因为缺乏了具体可行的对象和数据。在哪里读？读什么？读多少本？怎么才算完成读书计划？

奖罚：长期的目标需要阶段性反馈来约束。比如近期准时完成目标，可以给自己买点礼物作为奖励，如果没有完成也要给自己一些惩罚，否则我们很难完成最终的计划。

日期：要给自己一个实现目标的期限，才能产生紧迫感，从而抓紧时间去完成我们的计划。如果没有给自己划定截止日期，我们很容易陷入一再拖延的局面，总是认为"时间还早"。

承诺：最好向你看重的人公开你的计划。对方可以是你尊敬的导师，可以是你喜欢的异性，也可以是你学习的榜样。承诺使你重视这个约定，更加投入其中，如图1-9所示。

图1-9 好目标的4点原则

那么，你的年度目标是什么呢？

可以在认真思考后，按照我们的表格进行细化，从而生成你的写作计划表。有人用一年时间成为畅销书作家，有人用一年时间成为平台博主，有人用一年时间变成投稿达人，有人用一年时间学会写作……把时间和精力投资在写作上面，是稳赚不赔的，你准备好了吗？

— 1.6 —
积累势能：不断积累里程碑事件，才能推进大成就

心理学里面的多米诺骨牌效应告诉我们，在一个系统当中，一个个很小的因素相互联系起来，就可能造成很大的连锁反应。

写作也是如此。我们的大成就都是由许许多多的微小成绩积累而来的，逐步积累势能最终引爆结果，而不是一步登天，一下子就能从一个普通人变成超级个体。

※ 1.6.1 写作越来越没成就感，想放弃，原因在这里

我的一位学员一直坚持下班后写作，但是由于家人反对，他一直都只能趁着他们睡着了，自己悄悄开灯起来写。因为完全没有交流的圈子，也不知道去哪找反馈，这样的写作让他越来越没有成就感，很快他就产生了放弃的念头。

后来，他来寻求我的建议，我建议他把稿子投给一个公众号。一周后他的稿子便在公众号上发表了，他还得到了一笔稿费，他因此兴奋得像个孩子，这种激动不亚于他在单位里面得到晋升。

不知道有多少人和他一样，都是自己悄悄地写作，很难得到有效的反馈。你不知道自己到底写得好不好，很难找到同伴，或者没有得到实际回报，天长日久，想让人坚持下去确实很难。

到底有没有办法改善这种情况呢？当然有，那就是不断去积累属于你的里程碑事件。这些小的反馈会联动起来，集腋成裘、聚沙成塔般积累你的势能，最终帮助你在写作方面获得大成就。

※ 1.6.2 不断积累里程碑事件，才能推进大成就

我的微信圈子里至少有50个自称写作教练的老师，但是唯有一个特别

打动我。大学毕业后她成为一名大学老师，这是一份在别人眼中光鲜亮丽的职业，有稳定的工资和足够多的休假时间，可是她选择辞职写作，并且靠几份工作来养活自己的梦想。也许是上天看到她的付出和努力，后来她接连出版了好几本畅销书，并且成为她们家乡的一张文学名片。她还在写作的过程中，结缘了年少喜欢的一位作家，得到了高手的指点和欣赏，彼此之间也突破了年龄、地区的限制，成为无话不说的忘年交。

为什么这位写作者，可以在看不到回报、得不到别人支持的情况下，这么笃定地坚持下去呢？我想，是一个又一个的微小成绩，一直鼓励着她，一直推动着她，也一直支撑着她。一开始，她的文字在杂志上发表，后来在喜欢的作家公众号上面发表了，再后来经过出版社发表了，是这些给了她很大的信心，让她相信自己终成大器。

那么，你有没有在别人不支持，也看不到前景的时候坚持写作呢？如果有，一定是过去的经历让你相信，只要坚持下去，石头终会被击穿，铁树终会开花，梦想也终会落地发芽。

✳ 1.6.3 一张清单，快速提升写作效能感

畅销书《小狗钱钱》里面的主人公吉娅是一个 12 岁的小女孩，她在日记里记录自己的 3 个梦想：提升英语水平，拥有一台笔记本电脑，还清家里的债务。

妈妈发现她的这些梦想后，对她进行了一顿无情的嘲笑，还告诉吉娅她这辈子也不可能实现梦想。吉娅感到特别失落，险些都要放弃了。后来她和好朋友聊天，发现他们总是特别自信，对自己要做的事情深信不疑，而自己却时常否定自己，总是因为别人的看法就动摇自己的计划。

"你是否能挣到钱，最关键的并不是你有没有好点子，也不是你有多聪明，而是你的自信程度。"

小狗钱钱的一句话让她如梦初醒。钱钱还推荐吉娅写成功日记来提升自己的自信，分为 2 个步骤：

- 准备一个本子，取名为"成功日记"。
- 每天坚持记录 5 个成功事件，无论事件大小。

最后，吉娅通过写成功日记提升了自己的自信。她对自己将成为有钱人这件事无比坚定，也通过自己的方式赚到了第一桶金，并且变成了一个非常自信和勇敢的女孩。

写到这里，我想到身边经常有一些不太自信的朋友，他们看到某个博主的年终总结，就会感觉自己特别差劲，忍不住找我倾诉："为什么他们一年做出那么多成绩，而我不行呢？我是不是很差？"

她们明明写出了不少爆款文章，也是某个平台小有名气的博主，别人获得的成绩单，在她们那里也早就拥有"同款"，但是她们总是看轻自己，觉得自己的成绩不值一提。她们拿着显微镜放大别人的优势，再把自己贬低到尘埃里。

事实上，很多人不是不够优秀，而是内心"不自信"。如果你总是喜欢拿自己和别人对比，然后自我打压、自我矮化，说明你的自我效能感是很低的。这样的不自信往往给当事人带来极大的痛苦和压抑感。

我的一些学员原来也是这样的人，后来跟我学了一年，他们找到了自我效能和人生价值，不再需要从别人那里获得存在感，也不会再拿着别人的成绩单来比对自己的人生。他们开始主动肯定自己、认可自己，觉得自己的人生充满价值和意义感。

而他们并不需要怎么去改变自己，只需要每个月花不到一小时的时间来完成一件事——跟我写自信清单。平均下来，每天只需要挤出一首歌的时间来完成它，却可以无限地提升你做事的积极性和自信感。

自信清单与吉娅的成功日记是同一个原理——通过记录梳理内心，看到自己做出一个又一个微小成绩，通过正向反馈不断认可自己，找到人生价值。

以学员西西在某个月的自信清单为例子，如表 1-13 所示。

表 1-13　自信清单的内容

事件	优点	方法
写出了第一篇 10 万 + 爆文	爱学习，肯坚持，有耐心	踩了热点，契合账号定位与人设，话题带有争议性，刺激更多用户留言与互动
完成了 4 篇文章打卡	肯坚持，有耐心，有执行力	加入苏乐社群，有监督机制，有读者互动与反馈，更容易坚持
在社群做了一次写作经验的分享	爱分享，主动贡献，利他心	列好分享大纲，多加入案例和方法论，暗示自己不要紧张

自信清单 = 事件 + 优点 + 方法

自信清单对我们的帮助体现在几个方面：

- 记录我们完成的微小成绩，给我们更多信心和鼓励。
- 有利于我们挖掘自身的优点和价值，对自身有更明确的认知。
- 有利于锻炼我们的复盘能力和输出能力，不断提炼方法论，也能促使我们更愿意去分享，吸引更多人关注我们。

这里必须提醒大家，在记录自信力清单时，有几点务必注意：

- 每一件让你产生愉悦感的事情，不管再小都值得记录，哪怕只是今天写了 200 个字。
- 要敢于肯定自己，不要担心别人看到你的清单会产生什么想法，人生是自己的，不必活在别人的眼光当中。
- 要不断去分享你的方法和成功案例，让别人看到你一直在行动，有好的机会，别人也会第一时间想到你。

爱默生说："自信是成功的第一秘诀。"

没有自信，无论你有多好的条件、多强的能力，取得多好的结果，仍然不愿意肯定自己，永远看不到自己身上的美好与优点，一切都是零。

只有我们发自内心地认可自己、相信自己，别人才不敢看低你。否则，即便你现在家财万贯、出类拔萃，可是一开口就是"我不行""我好差""我什么都不会"，在别人眼中，你也不过一摊烂泥。

如果你想提升自己的信心，自信力清单就是你最好的选择，它已经帮助我和无数学员改变人生，你也可以。

这一章我们主要讲了普通人想要开始写作，如何迈出第一步。通过对写作计划的制订、对标牛人、提升自己的写作效能感，我们的写作旅行就显得不那么漫长了，也更容易找到方向感。

第2章 定赛道：盘点内容定位，开启写作之旅

CHAPTER 2

想要写作，却不知道该写什么，似乎什么东西都被写过了，这是写作入门者常见的困惑。到底如何去找到自己的赛道呢？

在内容饱和的今天，想要找到个人定位确实不易，但并不代表没机会了。中国有14亿人口，就算是小众领域也有很大市场。

譬如，樊登老师已经是读书领域的头部博主了，那么其他人是不是都不用做了呢？并不是。六神磊磊只写金庸，照样有了一批忠实粉丝，也出了书。赵周老师专注讲书，依然有了自己的一席之地。读书领域账号情况如图2-1所示。

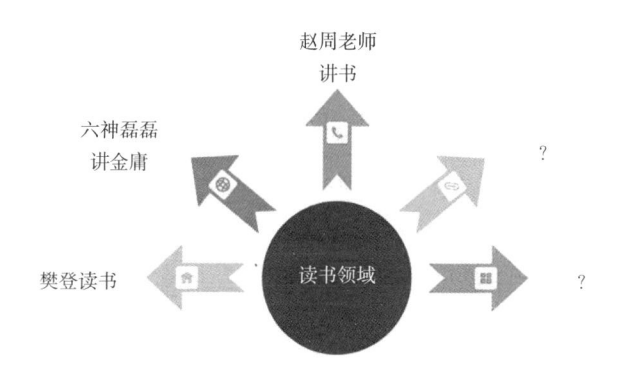

图2-1 读书领域账号情况

由此可见，从自身的情况出发，从大领域找到一个细分赛道，还是可以从红海中找到蓝海市场的。除了上述我提到的读书博主，你还能想到哪些读书账号呢？

那么，作为普通人的我们，没有专业的积累，也没有深厚的经验，到底如何找到一条适合自己的赛道呢？

2.1
行动钩：适合普通人的 7 个内容创作方式

这几年我先后接了 1000 多个写作咨询，接触过各种各样的写作者，里面有家庭主妇，有在校学生，有大厂高管，有创业者，有领域专家。很多咨询者都觉得靠自己摸索没办法找到定位，其实想要知道自己的方向在哪并不困难，以下这 7 类话题都是普通人可以涉足的方向。

※ 2.1.1 职业经历法：行业专家是写出来的

我曾经遇到一个资深 HR，她在 500 强企业已经待了十多年，在这个领域积累了丰富的经验，业余也是博览群书，写作对她来说就像喝水一样简单。

但是随着行业的深耕，她也想尝试一些新的方向，写作对她这个文艺青年来说，是一个利好的方向。她跟着我学习了小红书，把爆款笔记打造方法、变现模式、粉丝运营三个板块吃透之后，就开始输出内容，没几个月就涨了 5 万多粉丝，产生了很多 10 万 + 爆款内容，这个账号也让她每个月多了一大笔收入。

而在此之前，她也怀疑：分享求职面试方法，真的有人看吗？她分享的那些常识，真的有人需要吗？在小红书上面好像没什么人分享这类内容，真的适合平台吗？结果我三言两语打消她的顾虑后，她决定相信自己，果真最后也收获了自己想要的结果。

或许你也有类似的经历，提到自己的工作滔滔不绝、胸有成竹，可是一提到线上分享，就忍不住怀疑自己，总是担心自己不够好。其实，没试过没关系，觉得自己很普通也没关系，90 分的可以教 70 分的，70 分的可以教 50 分的，50 分的可以教 30 分，只要真心实意去分享，相信你迟早可以成为一群人的光。

❋ 2.1.2 婚姻生活法：你习以为常的东西，可能就是别人的认知盲区

艾美是朋友圈公认的人生赢家。你可能以为她是个经济独立的职业女性，或者以为她是一个集才华与美貌于一身的女生，抱歉，这些条件她都不具备。

艾美是一个很普通的家庭主妇，大学毕业后就嫁给了相亲对象。一开始她的闺蜜对她的选择都感到不理解，但是一转眼大家都来到三十多岁，很多女生并没有找到满意的对象，脱单压力和家里催婚的焦虑席卷而来。

反观看起来最普通也最早嫁人的艾美，不仅被老公捧在手心，两个孩子也懂事乖巧，婚后生活蜜里调油、和和美美。她和丈夫的婚姻，俨然是朋友圈的模范教科书。

艾美经常在小红书上面记录自己的婚姻生活和脱单经验，她的内容因为真实、接地气，出人意料地受欢迎，很多读者都主动向她咨询，让她开课，想跟着她学习如何处理人际关系和经营之道。她没想到自己比较会谈恋爱和经营婚姻这件事，居然还能给她带来商机。

在"她经济"时代，女性赚钱的能力确实提升了，生活幸福度也很高，但是脱单问题也困扰着不少女性朋友们。

幸福并不是靠上天掉馅饼，而是需要我们下功夫去学习和经营。就像艾美一样，也许你觉得经营好一个家庭不值一提，她作为一个家庭主妇没啥了不起，但是真正和她相处过，你会发现，她是一个很有魅力的女性。她每天坚持护肤、锻炼和学习，生完孩子，身材也还是像少女一样紧致纤细。此外，她还有稳定的情绪，总是像个小太阳一样给别人输送快乐。不管有什么家庭矛盾，她总是用柔软、平和的方式轻松化解，这是很多人欠缺的情商修炼。所以不要低估了一个能把家庭经营好的女人，她们一旦"卷"起来，个个都是潜力股。

❋ 2.1.3 痛点分享法：曾经治愈你的，照样可以治愈别人

开始健身后，我关注了很多博主，发现一类博主很受欢迎——她们经

常分享自己的减肥经历，通过科学饮食和健身锻炼管理身材，成功减重，让你看到时间真实的力量。这给我们一个很好的内容思路：你曾经被什么困扰，又怎么被治愈的，可以分享出来。比如你曾经受到体重困扰，那么你是如何走出来的？可以把经历分享出来。又如你曾经受到工作困扰，那么你是如何解决的？分享出来，可能会吸引一批和你同频的人。

※ 2.1.4 学习方向法：高手都是以教为学

诺贝尔物理奖获得者理查德·费曼提出一个享誉中外的学习方法——费曼学习法，它可以让你20分钟就掌握任何一个知识点。它的步骤就是：假装你现在要教一个小孩子，接下来把你知道的内容简单描述给小孩听，如果小孩听懂了，说明你真的吃透了这个知识点，如果分享的过程中出现了卡顿，则继续回顾和拆解知识点，直到小孩听懂为止（图2-2）。这个方法远比你一个人闷头学习更有效，令你印象更深刻。

复述知识
假设要把知识点复述给一个小孩子听

组织语言
用简单的语言对知识进行加工输出

检验成果
以此检验自己是否掌握了知识点

回顾复习
复述成功说明学习效果良好，复述失败则继续回顾知识点，直到真正掌握知识为止

图2-2 费曼学习法步骤

我曾经报考了一个社群运营课程，当时为了更快吸收课堂上的知识，我每天都会在打卡区输出我的思考复盘，然后保存下来分享到朋友圈，获得了很多人的点赞好评。

这个方法确实比我单纯吸收课堂知识更管用。记住老师灌输给你的知识，永远都是表面的肤浅学习，记不牢，也学不会，但是结合自己的案例和思考分享出去，教给别人，这个过程经过大脑的消化和工作，养分已经被你吸收，成为你自己的一部分了。

※ 2.1.5 读书思考法：不做知识的囤积者，去做知识的分享者

不知道你身边有没有一类人，他们好像得了读书上瘾症，每天都在关注别人的书单，每隔一段时间就会疯狂买书，甚至在朋友圈疯狂地晒书，看到别人的点赞便心满意足，可是一年又一年过去，除了得到虚假的热闹，什么都改变不了。

努力学习当然没错，但是很多人根本没有搞清楚学习是为了什么。投入和产出，成正比吗？

打鸡血一样地读书并不会让你得到质的提升，反而掏空了你的时间和钱包，最后什么都得不到。

而聪明人反而很节制，带着目标快速筛选出自己真正需要的内容，也很主动去分享和输出，这样的读书，才能真正推动你的人生。

不做知识的囤积者，去做知识的分享者，才是我们该有的学习态度。

※ 2.1.6 采访牛人法：采访的牛人多了，你迟早也是牛人

你有想要采访的人吗？你会不会对一些牛人的经历感到好奇，并且尝试向他们提出问题，并获得收获？

如果有，说明你是一个勇敢且有执行力的人，如果没有，大可尝试一下，你会发现，这样的访谈可以让你打开一扇窗，看到世界的多样性。

连续三年来，我采访过各行各业的人——

有浙江做跨境电商年入百万，下班时间还在头条写作，一篇文章获得

30万签约金的"80后"农村宝妈；有大学开始创业，6年开了6家瑜伽馆的"90后"女生；有开了3家公司，连续倒闭却屡败屡战的"90后"斜杠创业者；有去景德镇学习陶艺，从传统行业跳出来的"90后"会计师；有从深圳银行辞职，从小编做起，一步步变成小红书博主，开了网红自拍馆和露天茶馆的"80后"创业者……

各行各业的人带着不同的属性和质地，却给人同样的震撼。

有的人像一座金矿，生来就是贵族，却在后天创造了层出不穷的惊喜；有的人就像一块木头，一开始不起眼，渐渐被岁月雕琢成器；有的人就像一块石头，一开始放错位置，被廉价拍卖，后来去到适合的平台，身价翻倍，发光发亮。不同的人生故事，让我看到了一种蓬勃向上和打破限制的生命力。

※ 2.1.7 对标榜样法：先学习，再超越

之前我去参加了一节书法课，老师要求我们对名人的书法进行模仿，练熟后再慢慢形成自己的风格。画画也是如此，需要从模仿开始，再慢慢去延伸自己的创意和想法。

任何一种创作，都是先学习、再超越，如果你不知道写什么，就从你喜欢的内容入手，选择一个对标的博主，学习他的写作风格和模式，形成自己的一套输出体系，之后就会产生自己的风格。

当然，模仿和抄袭之间是有界限的，我们可以去拆解博主的遣词造句，可以拆解对方的标题套路和行文结构，但是一定要在思考和内化之后，融入自己的想法和创意再去输出。

比如，大家都是写如何提升写作文笔这个话题，撞标题并不算抄袭，只要分享的方法和案例不一样即可，但是如果标题差不多，方法、观点和案例都是同个意思，相似度达到了60%，就有抄袭的嫌疑了。

2.2
清单表：5W2H 模型，一张清单帮你策划内容创作方向

有了大体的定位之后，相信你的方向会清晰很多。但是放到具体的规划里面，始终还是蒙着一层雾，这时候我们需要更细致的工具，来帮助我们厘清方向和选择。

※ 2.2.1 蚂蚁思维和蝈蝈思维

人的思维可以分为两种，一种是蚂蚁思维，另一种是蝈蝈思维。

蚂蚁的做事模式是看到什么好吃的就全部搬运回去，这样就不用在寒冷的冬天挨饿了，这是一种保守、短暂、一次性的储备方式，但是消耗完了又要周而复始去想办法维持生计。

蝈蝈的做事模式不是考虑冬天怎么储备食物，而是怎么让自己一年四季都有源源不断的生产能力。它们不仅思考现在，还会看到长远的未来，并做出妥善规划。蝈蝈有跳跃功能，自然能有更高、更长远的视角去解决问题。他们的模式是创造性的、长远的，也是复制和滚动的。

比如看到一家饭店的生意特别火爆，蚂蚁思维的人想着，这是因为他们的产品做得好，所以客源不断，又或者是名字取得好，得到了有效的传播。蝈蝈思维的人则是看到系统，他们认为，一家店的生意好坏，取决于它的产品、名字、地段和装修，一切结果都是环环相扣的因素共同造成的，并不是单一原因造成的。

总的来说，蚂蚁思维的人局限于当下和局部，看问题是保守和静止的，而蝈蝈思维的人更容易看到未来和整体，眼光倾向于开拓和动态。

※ 2.2.2 5W2H 法则帮你策划一个吸金账号

事实上，蚂蚁思维和蝈蝈思维也会在不同的写作者身上体现得淋漓尽

致,最终写就两种截然不同的人生。

譬如,在写作出发点上面,蚂蚁思维的人会想着,我今天写的文章没看到回报,这件事就是没有价值和意义的。他们的眼睛总是死盯着一个点,很容易钻牛角尖。蝈蝈思维的人却认为,今天的练习是为了明天更好,他们不会以单一的收益思维去看待写作,而是站在未来的视角,去看待当下的努力,因此他们对任何结果都能心平气和地接受。

在收益上面,蚂蚁思维的人会想着今天写一篇文章就有一篇的收入,于是更拼命地卖出自己的时间来获得一次性的回报。蝈蝈思维的人会想着怎么做一个账号,让自己一整年都有收入,最好还能产生复利效应,让自己的收入像滚雪球一样越来越多。蚂蚁思维和蝈蝈思维的对比如表2-1所示。

表2-1 蚂蚁思维和蝈蝈思维

蚂蚁思维	蝈蝈思维
认为文章没人看就没价值,眼光局限容易钻牛角尖	认为今天的努力是为了明天做铺垫,可以延迟满足,对任何结果坦然接受
打工者思维,喜欢一次性收入这种短期而稳定的模式	老板思维,喜欢复利式收入,愿意承担适度的风险

当我们有了蝈蝈思维,就能用一种全局视角和未来视角去写作,也会更容易获得长足的发展。

花了5年时间实践,并且帮助上万学员梳理定位后,我总结出一套行之有效的方法——5W2H模型(表2-2)。一张清单就可以帮你把写作这件事落地,而不陷入单一视角里面,只看局部不看整体,只看眼前不看未来。

表2-2 5W2H法则

Why（动力）	Who（用户）	What（定位）	Where（平台）	When（时间）	How（方法）	How much（资源）
内因	年龄	职场	小红书	下周开始	拥有一部手机	我有什么优势（时间、职业、资源、渠道、人脉）

续表

Why （动力）	Who （用户）	What （定位）	Where （平台）	When （时间）	How （方法）	How much （资源）
外因	性别	情感	头条号	每周更新2篇	下载软件	谁可以带我入行
	城市	励志	抖音		注册新号	有什么平台可以帮助我了解行业资讯

有了这个模型，你可以一下子知道自己怎么开始，每个阶段要做什么事。就好像有了一个导航，只要按照指示就能抵达成功。

动力层：我们需要明确知道，自己为什么而做，而不是开始行动之后，还不知道自己的动机来自哪里，否则就会陷入迷茫彷徨，遇到困难也没办法克服。

用户层：很多人在做账号的时候，很少去考虑用户，殊不知，你的用户决定了你的生存。用户是我们的衣食父母，如果我们不知道用户是一群什么样的人，对什么内容感兴趣，那么就很难写出读者喜欢的内容。

定位层：定位定的是我们的赛道、方向和人心。确认定位之后，我们便可集中资源和时间去专注一件事，就不会出现捡了芝麻、丢了西瓜的局面。

平台层：现在的内容平台太多了，我们很难什么都做，因此必须进行取舍。后面我们会展开教你如何选择适合自己的平台，减少试错成本。

时间层：有句话是这么说的，时间就是生命，这句话我太认同了。一个人做事的时间决定了结果，如果你没有安排好时间去完成一件事，结果肯定不如人意。

方法层：其中包括了技巧和工具。几乎整本书都在告诉你，如何用对方法，找到合适的工具帮助我们成事。

资源层：指的是我们有什么人脉资源、知识资源和渠道资源等，帮助我们实现目标。比如我在开始入局自媒体的时候，发现我平时喜欢读书，读书时代也经常投稿，有知识方面的资源优势，那么我一定或多或少也有自己的优势，应该盘点出来进行相关的匹配。

以"80后"学员小罗的茶叶账号为例,我们可以得到表2-3。

表2-3 用5W2H法则厘清学员小罗的茶叶账号

Why（动力）	Who（用户）	What（定位）	Where（平台）	When（时间）	How（怎么做）	How much（资源）
提升文笔	人群：30岁以上的爱茶群体	输出茶叶知识	小红书	每周更新2篇	拥有一部手机	知识优势：平时喜欢读书，有很多内容输出，在茶叶领域深耕多年，极其专业
提升茶叶和紫砂壶的销售额	年龄：以男性为主	干货类			下载软件	时间优势：作为自由职业者，有更多时间可以输出内容
为线下门店引流	城市：全国	产品类			注册新号	渠道优势：能够通过互联网学习专业的写作知识和运营干货

看完小罗的清单，可以发现，她作为一个线下店主，希望能够靠小红书引流来提升茶叶的销售额。如果一开始没有去考虑自己的人群定位，很可能会陷入盲目的创作当中；如果没有盘点自己的资源优势，就会认为自己一无是处，不适合到网上发展。可如今她已然是一个小红书粉丝几万的博主，开始有了个人品牌，把线上、线下的运营严丝合缝地整合起来了。

接下来，我们还可以了解另外一位学员的案例。她是一个"00后"，除学生身份之外，她还利用课余时间专注写作。她的清单如表2-4所示。

这个"00后"的学生，她的清单和创业人士的还是不太一样的。每个人的创作方向、时间安排和对标人群，都只能根据自己的特点和优势进行个性定制。

那么，请你坐下来，花5分钟认真思考一下：你的清单是什么样的呢？它会帮你厘清一些你以前从来没想过，但其实非常关键的问题。请你填写表2-5。

表 2-4 用 5W2H 法则厘清"00 后"学员的账号

Why（动力）	Who（用户）	What（定位）	Where（平台）	When（时间）	How（怎么做）	How much（资源）
提升文笔	人群：和她差不多的 20~30 岁群体	情感内容	小红书	每周更新 4 篇	拥有一部手机	知识优势：平时喜欢读书，经常帮助朋友解决情感问题
赚取副业收入	年龄：以女性为主	干货类			下载软件	时间优势：作为学生党，有更多自由时间可以输出内容
为踏入职场做准备	城市：全国	观点类			注册新号	渠道优势：能够通过互联网学习专业的写作知识和运营干货

表 2-5 用 5W2H 法则厘清你的账号思路

Why（动力）	Who（用户）	What（定位）	Wher（平台）	When（时间）	How（方法）	How much（资源）

— 2.3 —

信任锤：找到故事人设，建立用户信任锤

有一次我在去往机场的路上，叫了一辆滴滴，从背影看，师傅的年龄还不到三十，于是我打开了话匣子，开始和对方聊起来。"师傅你是全职开

车还是兼职啊？""很多年轻人都不愿意跑滴滴，你怎么干起这行？"

接着师傅开始滔滔不绝地和我分享他的职业和故事。他说自己是兼职的，本来是一家会计公司的负责人，可是口罩经济让他的订单越来越少，迫于生计只能开滴滴了。接着他又和我分享了自己的故事：他从初中开始学画画，十几岁还办了自己的画展，毕业后为了在大城市待下去，便成立了自己的公司，平时忙于跑客户和打理公司，周末会去参加一些展会和学习活动。

听完滴滴师傅的故事，你是不是也认为，这是一个多才多艺、积极向上也比较勤奋好学的年轻人？

但是如果一个人现在跑来你的面前，和你夸耀他自己的优点，说自己多才多艺，也非常勤奋好学，你是不是认为这个人很自恋，简直是神经病？

擅长讲故事的人，总能恰到好处地传递出自己的魅力和优点。没有故事的包装和点缀，一个人的形象很难得到外界的认可与信任，更别说给人留下一个深刻、丰满的印象。

❋ 2.3.1 打造好人设，你需要具备故事力

乔伊非常喜欢音乐，小时候父亲带他去俱乐部，他看到那些表演者在舞台上忘情地表演，认为那样的人生就是自己的梦想。

遗憾的是，现实中他只是一个中学老师，面对一群调皮的学生和日复一日的工作。他没有一天不想着辞职，可是这时候他却被学校录取为全职老师，母亲知道这个消息喜出望外，而乔伊却眉头紧锁，耷拉着脑袋，他感觉生活一直和他开着黑色玩笑。

一次偶然的机会，他获得上台演出的机会，经过不断的练习和认真的准备，当天的表演十分成功，乔伊获得了满堂喝彩。可是乔伊却突然发现，实现梦想并没有自己想象的那么开心……

这是电影《心灵奇旅》的片段。看到这里，你是不是被乔伊的故事深

深吸引了？开始好奇接下来发生了什么？为什么乔伊好不容易实现自己的梦想，他却不开心？甚至你发现自己和乔伊一样有着相同的经历，引发了强烈的共鸣？比如你也做着不喜欢的工作，每天都处于煎熬中，但是想要放弃却很难，又或者曾经梦想成真，但是最后并没有想象的那么兴奋……

没错，一个好故事能够给观众勾勒出一个丰满的形象，让观众产生强烈的身份认同和情感共鸣。而通过故事的描述，主角很容易产生人物光环，在观众心中留下独一无二的形象感和画面感。

此外，一个好故事也非常利于传播。你可以把这个版本分享给无数人听，顺带引起别人对这部电影的兴趣。

同理，我们想要给读者留下一个深刻的印象，打造我们想要的人设，就要借助故事来展现我们的魅力，通过场景、细节、对比，使一个故事显得更加真实、可感、细腻。就像一颗石子在读者的内心激起波澜，故事能创造情感链接，引发信任和认同。

❋ 2.3.2 写好 4 类故事，在用户心中形成信任锤

既然写好故事对于人设打造这么重要，是不是意味着我们要把自己的人生全盘托出，就像一张白纸一样完完全全展示在读者面前呢？

当然不是。讲故事也是要懂得取舍的，就像画画也要留白一样，并不是讲得越多越好，而是要用合适的故事来打造我们的人物形象。

这里以笔者的经历为例，我把自己的个人品牌故事裁剪成四个部分来讲，就像摄影里面可以用四个镜头来展示一个画面一样。通过多角度、多层次、多视角地讲述故事，可以让我们的人设变得更加立体和完整，最终让用户了解我们、喜欢我们和信任我们。

以下就是写好个人品牌必须讲好的四个故事：开始、转折、突破、结果（图 2-3）。

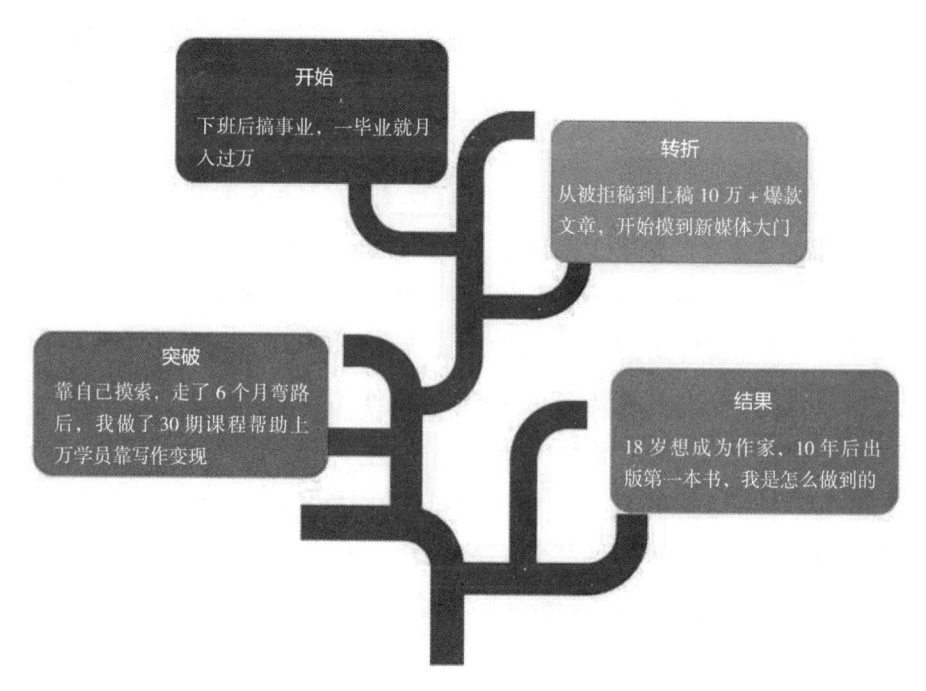

```
         开始
    下班后搞事业，一毕业就月
    入过万
                            转折
                       从被拒稿到上稿 10 万+爆款
                       文章，开始摸到新媒体大门

      突破
  靠自己摸索，走了 6 个月弯路
  后，我做了 30 期课程帮助上        结果
  万学员靠写作变现
                       18 岁想成为作家，10 年后出
                       版第一本书，我是怎么做到的
```

图 2-3　打造个人品牌的故事树

想要让读者更好地接受我们、选择我们，必须给用户一个理由。为什么是你而不是别人，你到底有什么特别之处？一味讲大道理很难去打动读者，故事可以说到读者心里去，让他们更认可我们的个人品牌。

比如在出书这件事上，如果你没有看完我的故事，听说我在二十多岁就能出书，可能会认为我有什么背景或者家里有矿，又或者年纪轻轻就走了什么狗屎运。但如果你说我从 18 岁立志成为一名作家，中间付出了很多努力，最终在 28 岁出书，那么你可能会像我身边的朋友一样有相同的想法，认为我能够在这么小的年纪出书，实在太合理了。

为此我已经努力了 10 年，这期间我没有一天放下写作。我在读书时代就尝试给文学社投稿，还给某些网站写产品文章，后面又开了自己的账号专职写作。

如果你了解我一路走来的经历，想必可以看到我的努力和目标对人生的指引作用，就会产生很大的感触，最终认可我的人和作品。

2.4

感知层：找准个人的写作风格，做好5点就够了

写作当中，有一点比文笔更加重要，那就是写作风格。

同样是写情感，张爱玲说："每一个女子的灵魂中都同时存在红玫瑰和白玫瑰，但只有懂得爱的男子，才会令他爱的女子越来越美，即使是星光一样寒冷的白色花朵，也同时可以娇媚地盛放风情。"

她的写作风格细腻、华丽而不失典雅，就像是一个盘着头发、穿着旗袍、浑身散发着成熟魅力的女子在你跟前娓娓道来。

王小波的风格则更为直白而张扬："我是个俗气至顶的人，见山是山，见海是海，见花便是花。唯独见了你，云海开始翻涌，江潮开始澎湃，昆虫的小触须挠着全世界的痒。你无须开口，我和天地万物便通通奔向你。"恰如一个穿着白衬衫的少年，在阳光下温柔地笑着，深情款款地向你表白。

林徽因的文字又是另一番味道："有人说，爱上一座城，是因为城中住着某个喜欢的人。其实不然，爱上一座城，也许是为城里的一道生动风景，为一段青梅往事，为一座熟悉老宅。或许，仅仅为的是这座城。就像爱上一个人，有时候不需要任何理由，没有前因，无关风月，只是爱了。"

字里行间透着一股文艺清丽的味道，让人不由得联想到，一个走在雨巷里，穿着帆布鞋和一袭白色棉麻长裙的年轻女孩，有着不为人知的内心独白。

也许这些文字给人的感觉不一样，但同样都有着自己独一无二的写作风格，有着区别于他人的鲜明特色。同样地，我们在写作过程中，也要慢慢去打磨自己的风格，形成更强的辨识度和标签。我把写作风格分为5种，分别从文字、排版、颜色、更新时间和封面5个维度来展开细说。我把它称为五角星模型，如图2-4所示。

图 2-4 写作风格的五角星模型

※ 2.4.1 文字风格：适合你的就是最好的

看完三位作家对感情的描述，你更喜欢哪一种呢？

我相信每一种风格都有人喜欢，也有人不喜欢，风格本身并无好坏高低之分。

有些人经常看各种华丽、富有感染力的小说，那么他的风格可能就偏向于细腻而富有浪漫色彩。有些人可能更喜欢看一些理论学科类的书籍，那么他的文字就偏向于条理性和逻辑性，写文章喜欢分点阐述。总的来说，一个人的文字风格是可以通过刻意练习进行塑造的。

如果你想形成自己的文字风格，可以从以下 3 个方面入手：

- 针对性地选择阅读书籍。比如你想要写出那种华丽、富有张力和浪漫色彩的文字，那么就可以多看看小说，推敲作者的遣词造句。如果你想提升自己的文字逻辑性和条理性，不妨多读一些工具类书籍。
- 多看英语演讲节目。英语演讲节目都是现场分享，因此要求分享者用词精简有力、富有感染力，从而调动观众的情绪。我们可以学习其中的一些用词，学习长短句相结合的技巧，从而提升我们表达的简洁性和感染力。

- 少用形容词和成语，多用名词和动词。

比如你要形容一个人很难过，是不是只会干巴巴地表达"她心里难受极了"？厉害的作者会这么写："她的鼻子发酸，眼眶似乎有热热的液体快要溢出来了。不一会儿，她的身体便颤抖起来，低声发出呜咽的声音。"前者的描写很难让人感知当事人有多难过，后者的描写从感觉、视觉、听觉这些维度表达了当事人那种难过而克制的心情，让人感同身受。

这样写的好处是可以锻炼我们的观察力。通过词语的灵活搭配产生新的表达，从而更好地形成我们的风格。如果只是一味地堆砌形容词和动词，确实省事，但很难达到理想的效果。

※ 2.4.2 排版风格：传递内容理念，形成审美

如果要接待一位陌生人，你第一眼会关注什么？大部分人会先关注外表。如果这个人衣衫不整，看起来很邋遢，我相信你很难有接触对方的欲望。

反之，如果对方看起来穿着得体、落落大方，我相信你很快就会对这个人产生兴趣。排版就相当于一篇内容的"外表"。文章好不好，我们需要花点时间了解才知道，但是你的排版好不好，别人一眼就能看出来。千万不要因为一个不够好看的排版而错失读者。

那么，我们怎么才能拥有一个好看的排版呢？总的来说，把握4个原则，如表2-6所示。

表2-6 排版的4个原则

色彩统一	字体统一	加入自我介绍	不断重复
活泼的文风可以使用黄、橙这类亮色 严肃的文风则选择深色	字号选择15~16号为宜统一 选择宋体或者楷体	你是谁 你是做什么的 你可以提供什么价值 怎么联系你	固定一个排版模式 加深读者印象 编辑工作也更高效

这4个排版原则适合于公众号文章投稿、公众号排版等。其中要重点强调的是加入自我介绍。这点非常关键，很多人却总是少了这一步，要不然别人看了你的内容，希望和你进一步链接，却不知道怎么联系你，你就错过了很多机会。

1. 搭配颜色：找到你的幸运色，形成心锚效应

日本有一位畅销书作家在《1分钟超强记忆法》中指出："记忆的窍门在于善用色彩活化右脑。"如果我们可以利用色彩来强化内容风格，将会取得事半功倍的效果。

比如我身边就有一位大V，她在朋友圈就把这招用得出神入化。她是一名设计师，每天都会在朋友圈发布七八条动态，3条生活圈，3条工作圈，2条观点圈。每一条我都会认真看完，因为她的图片做得太好看了，每一张都看得出是精心设计的，有着活泼而不失格调的色彩搭配，以及整齐划一的排版。这个模板她反复使用，以至于现在只要我看到图片，第一时间就知道这是她的朋友圈。可以说她已经在读者心里植入了心锚。

心锚效应，指的是当你看到某种事物，就会不自觉联想到相关的场景和感受。比如看到绿色，你会很自然联想到大自然；看到粉色，你会想到一种少女感；看到蓝色，你会联想到大海。其实颜色带来的感觉也会和个人的风格联系到一起。

如果你经常使用柠檬黄，很容易让人联想到，你是一个活泼阳光的人。如果你的朋友圈经常出现红色的图片，那么别人可能会猜想，你是一个外向且敢作敢当的大姐大……

总的来说，如果我们想要强化自己的内容风格，就要用一个固定的颜色来传递我们的理念和风格，让人一看到这个颜色设计，就马上联想到我们，不费力地形成一种记忆联系。

2. 更新时间：提升内容黏度，让用户离不开你

年初，我在头条号发表了2022年的年终总结后，不到10分钟，我的后台就收到一条留言："这是第三年看你做总结……今年发文晚了一些，我连续看了你十几天，终于看到了，哈哈。今年已经进入了完全不同的状态，能感受到变化有多大，但不变的是你越来越好了，替你高兴，也继续向你学习，一起加油！"

看到这条留言，我的内心升腾起一股暖流。写年终复盘是我给自己交的一张答卷，也是一种写作上的仪式感，但是对于喜欢你的人来说，定期来看你的内容，也成了一种习惯。

如果我们能够定期更新，有利于加强读者和我们的黏性。有些你喜欢的博主，你知道她大概什么时间更新，到点了，你就会很自然地点开她的账号。偶尔错过了更新，你也知道自己落下了内容，会及时补上，这就是一种黏度的体现。

当然，我也遇到过一些内容写得不错的作者，被对方的某篇内容吸引了，结果点开其个人主页一看，发现更新完全没有规律，甚至断更了，那我就不想关注了。

至于什么时间更新，其实还是取决于你的用户群体，更新时间要匹配用户的作息规律。比如你的受众是创业者，那么他们一般都会晚睡晚起。如果你的受众是上班族，那么就要依循他们的休息时间来更新，比如早上7点、中午12点和晚上8~10点都是他们使用手机的高峰期。

3. 封面风格：让别人一看到封面，就能猜到作者

经常刷手机的朋友应该会发现，现在的审美潮流非常多元。就拿封面图来说，加了一堆贴纸，看起来五颜六色的图片很受年轻人欢迎，但是简约的ins风也能吸引很多观众的眼球。后者没有多余的图案，给人一种经典大气而不失内涵的质感。

审美是一件非常私人的事情，在百花齐放的时代，每个人都可以找到适合自己的风格，甚至成为某种审美的引领者。

图片作为内容的一部分，承担着传递信息、表达审美和吸引点击率的功能，那么，到底什么样的封面才能吸引用户呢？

你可以把自己想象成读者，打开小红书首页，你被哪个封面吸引了？

吸引你的点是什么？和你之前的封面相比，它有什么值得学习的地方？一般来说，吸引人的封面具备4个特点，如图2-5所示。

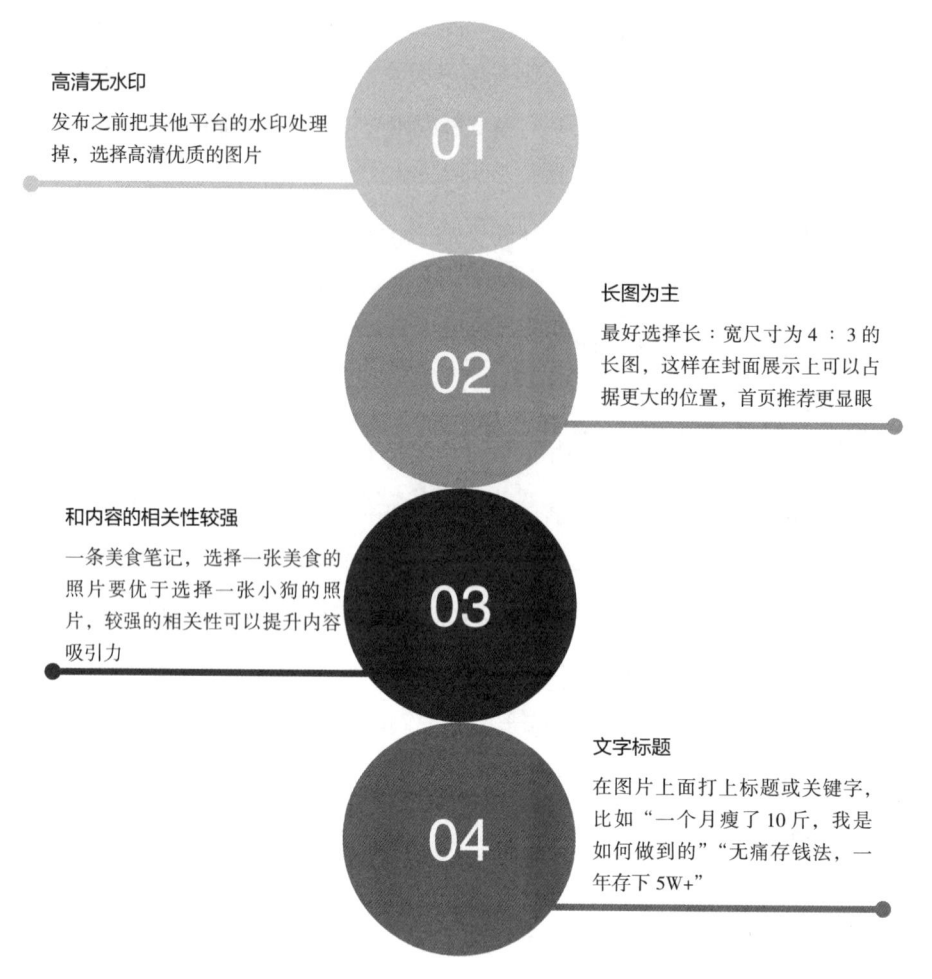

01 高清无水印
发布之前把其他平台的水印处理掉，选择高清优质的图片

02 长图为主
最好选择长：宽尺寸为4：3的长图，这样在封面展示上可以占据更大的位置，首页推荐更显眼

03 和内容的相关性较强
一条美食笔记，选择一张美食的照片要优于选择一张小狗的照片，较强的相关性可以提升内容吸引力

04 文字标题
在图片上面打上标题或关键字，比如"一个月瘦了10斤，我是如何做到的""无痛存钱法，一年存下5W+"

图 2-5　封面图的 4 个原则

能做到这4点，你的封面图一定可以吸引很多人。接下来你要做的就是不断重复这个风格，直到在读者心中留下深刻的烙印，让他们一看到这个风格马上就想到你。

形成自己的写作风格并非一朝一夕的事情，但只要坚持下去，就能打造自己独一无二的特色。

第 2 章 定赛道：盘点内容定位，开启写作之旅

这一章我们主要介绍了，如何找到自己的写作定位，包括你的创作方向、写作风格、账号特色等，一步步摸索出你的写作之路，打造属于你的，鲜明而有记忆点的个人品牌。

第3章 搭内容：如何高效地写出一篇优质爆款文章

不知道你有没有遇到这种情况：明明想要写点什么，但是半天想不到一个可用的素材，完全不知道如何下笔，白忙了半天都没有收获。

对于写作者来说，想要提升我们的写作效率，功夫都在平时。尽量在日常生活中积累更多的灵感和素材，才能促进我们更快更好地创作。

— 3.1 —
寻找灵感：4个方法让写作灵感如泉涌

写作需要灵感，但是亲爱的读者们，灵感并不会随时降临到我们的头脑中，有时候你越需要它，它就变得越是捉摸不定，反而是你不去寻觅的时候，它便毫无预兆地出现了。

灵感是可遇不可求的，但是我们可以通过一定的方式来获得灵感，毕竟在长期写作的过程中，我们不能只是靠运气来获得灵感。接下来，我会介绍4个寻找灵感的方法，帮你随时随地处于灵感爆棚的创作天地中。

※ 3.1.1 热门影视剧

几乎每段时间都会产生一部爆款影视剧，它的剧情广受关注，被观众们在社交场合中热烈讨论，如果我们能够结合影视剧来创作题材，同样会大受欢迎。

值得一提的是，现在很多自媒体平台都在征稿影评，一旦入选便能获得丰厚的奖金或者价值不菲的奖品，这么好的机会我们当然也不能错过，因此热门影视剧是我们寻找创作灵感的不二之选。

譬如《三十而已》大火时，我就写了将近10篇文章，分别以人物命运、人物性格剖析和剧情的点评作为切入口，总是有源源不断的创作内容。

❋ 3.1.2 融入热词

创作时很多朋友都会遇到一个问题：想写的内容好像都有人写过了，觉得没有新意怎么办？融入热词是最好的解决方法。

我们必须知道，这世上没有未被写过的题材，你想要百分百创新是不可能的，旧酒装新瓶一样可以起到非常好的效果。

举个例子，这两年，"松弛感"这个词非常火，很多相关话题也在互联网走红，那么我们遇到一个话题、一些案例，都可以从松弛感的角度来做文章。我曾经写过一篇文章：《人生最好的状态，是活出松弛感》。很多读者会好奇什么是松弛感，到底又该如何活出松弛感，特别抓人眼球，又给了读者耳目一新的感觉。

❋ 3.1.3 九宫格组合法

九宫格组合法指的是通过九个关键字进行关联组合，把两个看起来不相关的概念联系到一起，从而产生新的话题。这个方法适用于任何领域的创作，以写作为例，我会制作一个如图 3-1 所示的九宫格，按照这样的排列组合去创作，就再也不用担心没灵感可写了。

九宫格怎么使用呢？先把你的领域关键词写在中心那一格，然后在上下左右写上相关的关键词，就可以得到一个完整的九宫格了，之后我们再来进行关联组合。

人群 《学生如何快速入门写作》 《宝妈如何快速掌握写作技巧》	时间 《如何提升写作效率》 《早起写作更能掌控人生》	场合 《为什么写作者需要有一个自己的房间》
故事 《作家林清玄有什么写作故事》	写作	工具 《有什么手机软件帮助你更轻松地写作》
方法 《4个写出新话题的方法》	变现 《写作如何快速变现》	灵感 《5个妙招帮你找到每天写出5000字的灵感》

图 3-1 写作九宫格

❈ 3.1.4 平台热榜

有些朋友总是觉得没什么内容可写，似乎别人每天一提笔就能写出好几千字，但是自己完全使不上力。这是为什么呢？

其实这些朋友忽视了一个灵感发源地——平台热榜。比如知乎热榜，每天提供了50个话题给你写，再加上微博、头条、小红书这些平台的热点，完全足够你写出许多内容了。很多时候缺的不是灵感，而是发现灵感的眼睛。

如果你每天抽出10分钟去留意平台热搜，至少可以积累10个话题和故事，那么一年下来，你的话题库存已经十分惊人了。

— 3.2 —
确定选题：3步帮你策划10万+爆款选题

有了灵感之后，我们还需要对其进行包装和延伸。尤其对于爆款选题来说，这一步更是不可或缺。有时候同样写一个话题，你的内容没几个点击和阅读，而别人一发表就变成爆款，区别就在这里了。如何判断一个话题会不会变成10万+爆款选题呢？接下来，我们一起来了解爆款选题的底层逻辑。

3.2.1 好的选题符合 5 个维度

好的选题从不缺少规律,只是很少有人去发现。那些我们看到的 10 万 + 爆款选题,都符合 5 个维度,如图 3-2 所示。

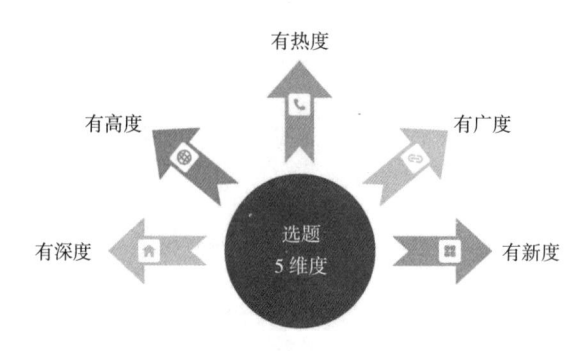

图 3-2 选题的 5 个维度

比如我的一篇全网阅读量 50 万 + 的爆文《你只知道投稿变现?这 6 个写作平台帮你月入过万》就是一个典型的例子。这篇文章光是在今日头条的点击率就超过 10 万 +,在其他平台也获得了不俗的表现。

1. 有深度:深挖一点胜过泛泛而谈

围绕一个点进行深入的探讨,永远比大而全地泛泛而谈来得更有深度,也更能针对性地解决读者的某个需求。比如,同样是分享写作干货,《投稿:如何写出一稿通过的标题》和《如何投稿》哪一个更容易写出深度呢?答案是前者,因为这个话题的切入点更小,也能传递更多信息给读者。因此我们在写作时,应尽量选择比较小的话题。

2. 有高度:提炼核心观点,升华主题

所谓有高度,就是要有一定的社会性。比如一篇以爱国为主题的电影影评,就比一篇以个人情感为题眼的内容更有热度,因为前者是站在国家的层面,后者只是抒发个人情感。因此我们在选题时,必须考虑有没有具备一定的高度,减少无病呻吟的堆砌。

3. 有热度：具备话题性，实现自传播

热度指的是话题具备一定的关注度。比如胡歌结婚的消息，一定会比普通人结婚的消息更受关注，也更能激发读者的讨论热情和参与感，因为明星本身就是流量的加工厂。多写一些具备话题性的内容，可以有效提升点击率和传播度。

4. 有广度：爆款话题需要大众化

话题具备大众基础，大家才愿意参与其中。比如网上一提到赚钱的文章都很容易火，这就是切中了大众的需求，迎合了大众的口味。如果一件事不是大家关心的，那么就没有群众基础性，也就不具备爆款基因。

因此，我们千万不要选择太小众的话题，否则是很难火爆的。

5. 有新度：老话题也需要新包装

随着信息爆炸，大家的认知资源被不断抢夺，相似的话题想要抓住读者的眼球，势必要避免陈词滥调，而是要转变思路，多写一些常人想不到的角度，分享一些与大众认知不一样的内容。

当然这不是叫你故意去唱反调，搞一些非主流的内容去哗众取宠，这样只会适得其反，而是要真正去写一些有思考、有营养、言之有据的内容。

❋ 3.2.2 剥洋葱分析法，帮你深挖一个话题

不知道你有没有剥过洋葱？当我们一层层剥开洋葱的外衣，就能看到它的内核，这是一个直击本质的过程。著名的剥洋葱理论也被广泛应用到多个学科和领域当中，可以很好地帮助我们锻炼看事物的能力。

同理，剥洋葱理论运用到写作当中，也可以让我们学会深度思考，把一个选题写得透彻。

接下来的内容非常适合那些喜欢写作，但是总觉得自己的思考力很弱，总是无法把一个观点分析得透彻而全面的创作者。看完之后，你就知道如何更全面地讲透一个观点，让别人惊叹你的思考与表达能力，从而实现圈粉。

具体怎么做呢？教给大家一个思考模型，在表达任何一个观点，或者围绕某个话题展开之前，先思考 3 个问题，如图 3-3 所示。

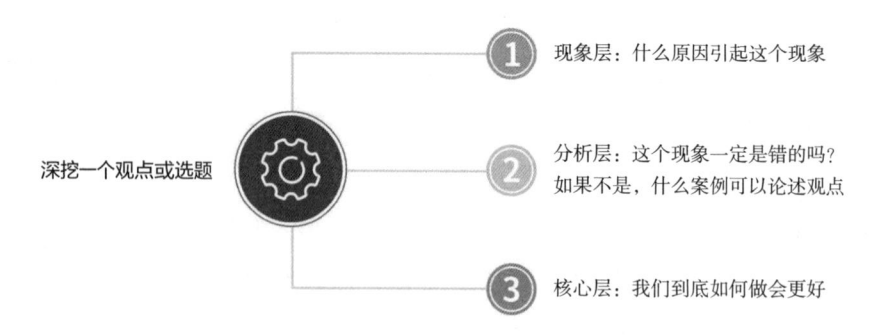

深挖一个观点或选题

① 现象层：什么原因引起这个现象

② 分析层：这个现象一定是错的吗？如果不是，什么案例可以论述观点

③ 核心层：我们到底如何做会更好

图 3-3　洋葱思考法

以我的一篇 10 万 + 投稿文《珍惜那个和你吵架的人》为例子，当时我是如何思考这个观点的写作框架的呢？

圈定问题：我认为吵架是因为在乎对方，并且想要解决问题。

分析现象：这未必是坏事，因为现实中很多案例是发生问题不吵架，要么冷处理，要么得过且过，以道歉的方式快速和好，但是没有妥善解决问题，给关系埋雷，一旦爆发就是大问题，可能会导致分手。我找了一正一反的案例来论述这个观点。

思考到底如何做：综上所述，最好的方法就是学会艺术地吵架，不说狠话，不宣泄情绪，找一个时间心平气和地沟通，找到求同存异的方法，让这个问题真正翻篇，如图 3-4 所示。

假若让你来写这个话题，你会怎么展开呢？是不是顿时觉得大脑一片空白了？或者觉得没什么可说的？

实际而言，每个常见的生活现象背后都隐藏着人生哲理，也有值得探讨的切入面，觉得无话可说，只是没有深度思考的能力罢了。学会剥洋葱的思考方式，你可以轻松驾驭任何话题，透过表象看本质，一针见血地说服别人。

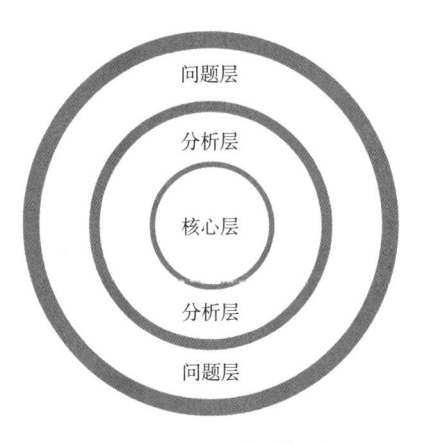

图 3-4　洋葱模型

※ 3.2.3　如何包装选题，赢得超 10 万点击量

通过上文的学习，我们已经可以轻松地展开一个选题，并且安排合适的内容来进行观点的阐述，而不再是面对一个不错的选题，却哑口无言，不知道从何说起，也不知道如何去安排段落之间的关联性。那么，下一步就是学会更好地包装这个选题，赢得 10 万多的点击量，让我们的付出有更大的回报。接下来，我们一起来了解 3 个小技巧，让你的创作更加事半功倍。

1. 学习热文

锁定一个选题后，我们不需要那么着急动笔，可以先看看别人都是从什么角度取材的。这或许可以给你脑洞大开的灵感，同时也避免和别人撞了同款案例。

如果我要写一个吵架的话题，我首先会搜索，别人都写过什么样的选题。我这个选题有人写过吗？当时发现还真没什么人写过吵架的好处，于是我很快就动笔了。一投稿马上就获得通过，编辑夸赞这个角度非常新颖，又贴近生活，一发表果然获得 10 万多的点击量。

2. 加入热词

这几年，"躺平"和"内卷"这组词非常火，因此我在写 2022 年年终总结时，便用了这样一个题目《2022年终总结：卷不动的这一年，我发现躺平太爽了》。这个题目同样吸引了很多读者去打开文章一探究竟。看多了各种喜报佳绩的汇总，其实读者也有疲乏和自我怀疑的时候，而这样的标题简直是一股清流。

当然，我的文章内容还是积极向上的，只是说这一年，我没有强迫自己一定非要多努力，而是放慢步调、积攒力量，享受生活与工作的平衡。

3. 选题测试

一个选题到底会不会火，谁知道呢？这只能交由市场来判断。因此我们在动笔之前，不妨做个选题测试，看看大家的反应，如图3-5所示。

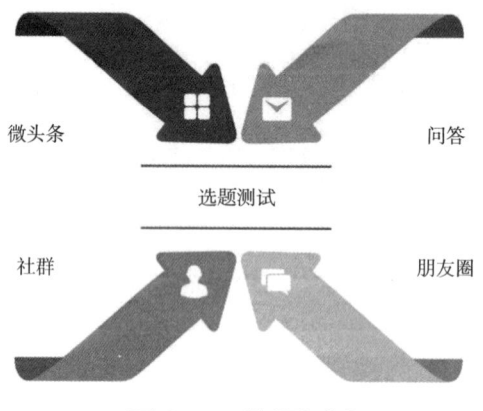

图 3-5　选题测试

如果大家的讨论度和关注度比较高，说明这个话题有爆款的潜质，这时候就要抓紧时间创作了。

— 3.3 —

标题公式：读者爱看的标题长什么样？8+3公式让你提笔就写

标题可以说决定了内容的打开率。如果我们花费1小时来构思一篇文章、一段视频，那么至少需要花费一半时间在标题上，可是很多人却是反着来的，正文非常用心地准备，标题却草率对待，结果编辑和读者看了你的标题，连打开内容查看的兴趣都没有，这是多么遗憾的事情。如果你希望内容发挥出更大的魅力，一定要把更多心思花费在标题上。我们一起来了解非常受欢迎的8类标题。

❋ 3.3.1 圈定法

圈定人群、城市和职业，可以帮助我们快速锁定目标人群，吸引他们对号入座，从而对内容产生兴趣。比如《不要和广东人谈恋爱，我怕你会后悔》，作为一个土生土长的广东人，看到这个标题我就非常好奇了。为什么不能和我们广东人谈恋爱？如果你身边也有广东的朋友，也一定会忍不住想要一探究竟。点击正文后我发现，这篇内容说的是和广东人谈恋爱的种种好处，怕你后悔没有早点谈。你看，这个标题就非常懂得如何吊足胃口，把读者的好奇心极大地勾起来了。

❋ 3.3.2 汇总法

汇总法指的是对一些网站、电影和某种内容进行一个合集，比如《新媒体人必备的文案网站攻略》《新手爸妈必须收藏的10本育儿书》《小红书必须关注的10个学习博主》。看到这类标题，你是不是也忍不住想要关注一波呢？因为它好用、省心、全面，可以让你在非常短的时间内获取大量的信息，因此这类内容的点击率和收藏量都是不容小觑的。

❋ 3.3.3 数据法

标题里面包含数字称为数据法标题，比如《6个适合普通人的副业赚钱方法，小白也可以快速入门》《在家就能快速瘦身的8个动作》《6个月涨粉10万的7个运营方法》。研究表明，大脑对数字的敏感度要高于文字，因此如果你的标题出现了数据，就很容易吸引读者的眼球，也更容易给读者留下深刻的印象。你可以忘了具体标题，但是"6个技巧""7个方法""8个动作"肯定还有印象。

※ 3.3.4　如何法

《新手如何快速掌握文案技能》《如何在小红书开通店铺功能》《如何读书更容易打造知识框架》……先提出一个问题抛给读者，打开一个认知缺口，随后再让读者去正文里面找答案，这类标题的好处在于百试百灵，没有一个读者可以忍受只有问题而没有答案，因此题文一致非常重要。

※ 3.3.5　背书法

背书法指的是通过名人明星、权威机构来为观点进行佐证，提升内容的说服力和可信度。比如我们来看下面两个标题，《和作家马伯庸学写作，6招帮你从小白进化成文案高手》《这样学写作就对了，6招帮你从小白进化成文案高手》，前者搬出了马伯庸的名号，后者则不做任何背书，而你会对哪个更有兴趣呢？

※ 3.3.6　留白法

留白法通常出现在故事的标题当中，通过设置悬念和冲突来吸引读者的注意力。比如《去了一趟养老院之后，我放弃了不婚主义》，看到这个标题，你是否也产生了很多疑问？作者去了养老院之后，到底发生了什么，为什么会放弃了不婚主义？这时，很多读者就会迫不及待点击正文，这样我们就不担心打开率的问题了。

3.3.7 冲突感

有人说，狗咬人不是新闻，人咬狗才是新闻，话糙理不糙。好的标题往往自带一种冲突感，刷新着我们的固有认知，比如《好的婚姻，都有个喜新厌旧的女人》，这个标题就是挑战大众认知的。通常我们认为，女人就要安分守己，这样婚姻才会幸福，而这里提出了一种新的观点：喜新厌旧更容易获得好的婚姻。相信很多人看到这里，已经坐不住了，特别想要知道文章里在说什么。而实际上，正文宣传的是女人要不断成长，不断提出新的要求，这样才能促进家庭繁荣发展。

3.3.8 故事法

故事法标题通常包含了人物、地点和时间线，也就是，某人在哪做了什么。举个例子，《下班后写作 5 年，我出版了第一本畅销书》这篇文章取材于我的真实经历，也直接采用了故事法来取标题，具备很强的传播力和感染力，这就是故事标题的精妙之处。

3.3.9 好标题的秘诀：三段式＋组合法＋测试法

看完以上 8 类标题，相信你对标题的认知已经更进一步了，但是我们想要取出一个吸引人的爆款标题，单有这些模板还不够，还必须把握 3 个秘诀：三段式＋组合法＋测试法（图 3-6）。

比如，就拿《如何在小红书开通店铺功能》这个标题来说，如果我们采用三段式，便可以这么写：《如何开通小红书店铺功能，3 招就够了！小白必看》。这里有三段话，因此称为三段式标题。这样做是为了尽可能塞入更多关键字，同时采用短句更符合我们的表达习惯，读者看了也不累。此外，这个标题还采用组合形式，用了如何法＋数据法。组合的方式可以放大标题的吸引力，吸引更多读者点击。

1 三段式
指的是由三段话组成的标题，如《如何开通小红书店铺功能，3招就够了！小白必看》

2 组合法
如何法＋数据法，结合多种方法取标题，可以增加标题吸引力

3 测试法
多标题形式，可以测试哪一类标题更受欢迎

图 3-6　标题秘诀

而测试法又是指什么呢？理解起来很简单，如果你想知道某个标题好不好，可以多取几个标题，运用我们介绍的不同方法去组合，对比看看。现在很多自媒体平台支持作者采用多标题形式，帮助我们测试哪个标题的效果更好。

— 3.4 —

写作框架：4个万能写作结构，让你轻松驾驭任何文体

自从我开始写作之后，经常收到朋友的各种提问：

"苏老师，我今天拿了一个奖，想发个朋友圈分享一下，不知道文案怎么写，你有什么好建议吗？"

"苏老师，我想给公司的产品拍一个视频，花了2小时拍视频，想了一天的文案，抓破脑袋就是想不出文案要怎么写……"

"苏老师，我想介绍一下自己，不知道怎么在短时间内快速突出自己的优势和亮点，吸引别人来关注我呢？"

你有没有遇到过以上的问题呢？小到要发条朋友圈记录生活，大到月结报告、产品文案、公众演讲，对于不会想文案的人来说，写作就像便秘一样。我就曾遇到因为不会说话被女孩子拒绝的，也有不会写报告被领导

在会议上当众批评的，所以不要觉得不会写作没关系，这可是关系到你的感情和职场发展，是一项帮助你在社会更好生存的必需技能。

接下来，分享4个万能的写作框架给你，帮助你轻松写好任何场景的文案。

※ 3.4.1 黄金圈3W法

乔布斯的演讲能力是有口皆碑的，他提出过一个黄金圈理论，指的是为什么、是什么、怎么做的逻辑模型，这个模型用来写作也是恰到好处。

举个例子，你现在想要写一个关于时间管理的视频文案，面对主题却无从下手，不知道第一句话怎么写，那么你可以直接套用黄金圈3W模型。写出来的文案如下：

你总是觉得每天的时间不够用吗？你是不是觉得别人每天可以处理很多事，而你每天都忙得像陀螺也没什么效益？如果被我说中了，这套时间管理方法你一定要学起来。我曾经是个一事无成的小白领，后来凭这些方法成为畅销书作家，仅用4个月就写了一本书，一年完成了100个小目标，成为一个工作与家庭双丰收的行动派。第一……第二……第三……

开头我们直接提出了问题，告诉观众我们的主题就是教你如何做好时间管理。而我为什么可以讲这个内容呢？因为我曾经拿到了实战结果，说明这个方法是有依据的，是实战出来的。既然我都可以，那么你也可以。

最后通过三个方法，告诉读者要怎么做。全篇下来，问题是什么，为什么我要讲这个话题，看完应该如何做，逻辑是不是非常清晰？表达一环紧扣一环，过渡得非常顺滑，而且每句话都能承上启下。用这样的思路去表达一个观点，无论是写一篇文章，还是拍一条视频，不会跑题，观众也非常容易理解你的观点和逻辑。现在，请你坐下来，套用这个模型写一条以"转行"为主题的内容。第一步，提出你的观点；第二步，告诉观众为什么要转行；第三步，分享你的转行经历。当然，如果你有更加感兴趣的话题也可以写其他内容。

※ 3.4.2　1+3+1法

我们以前在学校读书都学过总分总的行文结构，那么你还记得怎么用吗？总就是用一个观点或者一句话来统领全文，分就是用三个论点来论证你的观点是对的、可信的，最后再对内容进行总结升华，起到前后呼应的作用。

我们来看个例子。

假如你要说某个人很优秀，你可以列举出三个分论点来支撑结论。比如，外貌上，她的气质非常好，一排女生站在那，你总是第一个先看到她，而且她的身材管理非常严格，每周都会坚持上瑜伽课和打球。工作上，她非常努力上进，每年都在挑战新的目标，而且已经做到了某个企业的管理级别，有很多证书和荣誉证明。生活上，她每天都会自己下厨，做的饭菜非常可口，收到了圈内好友的一致好评，而且拍出来的美食图片非常诱人，考究的摆盘、精美的餐具，还有一些鲜花、丝巾和书本的点缀，精致得好像艺术品，简直像五星级酒店的大厨手笔，让人看了都忍不住流口水。除此之外，她还有丰富的爱好和兴趣，工作之余经常参加各种艺术沙龙，插花品茶、金融理财、生活美学等，似乎什么都玩得来，也坚持得住。她还把自己的爱好发展为副业，生活发生了质的变化。这样的人，也许一万人里面才有一个，你说她算不算优秀呢？

这段话用的就是1+3+1的结构。一开始直抒胸臆地提出了这段话的主要观点，然后分析为什么，从外貌、工作和生活三个维度来阐述，最后，再次强调观点，升华主题。看完这段话，你是不是也很想认识这样一个人？是不是也觉得这样的女生非常美好、优秀，让人忍不住向往她的生活？但是如果你不知道这个框架，也许你只会干巴巴地感叹一句，这个人真的好优秀。别人问你为什么，你哑口无言，好像一肚子话，但就是说不出来。学了这个框架,我们就知道从三个方面去阐述,达到说服别人的效果。

这个框架可以运用到非常多地方。面试的时候,面试官问你:"为什么来我们公司面试呢?可以说说你的理由吗?"这个时候,你可以选择三点来展开。写简历的时候,总结自己的优点,你可以列举三个小小的例子来论证你为什么这么评价自己。参加活动要站上台分享你的行业经历,你也可以分三个阶段来讲述你进入行业以来的酸甜苦辣。你需要领导或者投资人投资你的项目,那么你可以从三个方面列举项目的优势和前景,从而说服投资人。从这些例子我们可以看出,学会使用这个框架,我们的表达就会更有条理,相同的论据带给人的影响力也会更强。

※ 3.4.3 SGX 模型:事实 + 感受 + 行动

SGX 模型指的是事实 + 感受 + 行动,它是一条通用的写作公式。为了方便大家记住,我们选择三个词首字的拼音首字母,以大写形式组合起来。事实(S)、感受(G)、行动(X),加起来就是 SGX 模型。

SGX 模型可以帮助你讲好一个故事,引发读者的共鸣,也可以帮助你更好地梳理表达的思路,让你一开口就知道接下来要说什么。

举个例子,我曾经写过一个关于"内向"的经历,套用这个模型后,我的这篇内容获得了 60 多万的推荐,点赞、评论超一千。

"内向性格的人,这辈子就没出息吗?我曾经就是一个内向、自卑又敏感的人,在工作上不喜欢和人打交道,一度认为自己会很没出息,因为我发现搞不好人际关系就很难在公司立足,更别说晋升了。但是你敢相信吗?我只花 2 年时间就改变了自己,从一个害怕表达的人到一年做几十场演讲,从一个害怕社交的人到一年参加几十场活动,还从一个上班族变成一名全职作家,作品还获得了大学的认可。

我是如何改变自己的呢?分享给你 3 个简单实用的技巧。

1. 放弃否定自己，相信内向者也有优势

内向性格的人确实不爱社交，不太惹人关注，但是这类人能够专注于一件事，能够耐得住寂寞。我们很适合从事写作、研发、学术方面的工作，也很容易修炼出一技之长变成专家。

2. 找到合适的从业方向，进行刻意练习

如果你也是一个性格内向的人，要尽量避免做需要和人大量打交道的职业，比如销售。这类工作不仅不能让你发挥优势，还会挫伤你的信心。若你从事财务、技术、设计方面的工作，就可以乐在其中，找到另一方天地。比如我发现自己喜欢且擅长写作后，我就会投入时间进行大量练习，从一个小白变成专家，让自己变得更值钱。

3. 在你的优势主场社交

内向者并不是不擅长社交，而是没有找到合适的主场。很多内向者是不喜欢太热闹的娱乐场合的，他们在聚会唱歌、过生日或公司年会上常常保持沉默，因此他们不太擅长应对这类场合。但如果是参加自己喜欢的学习沙龙，他们却可能滔滔不绝，大放异彩。比如我在各种学习活动上就会交到很多欣赏和认可我的朋友，但是唱歌、聚会这些我可能就没有什么优势。

以上就是我作为一个内向者依然可以发挥出优势的3个方法，你学会了吗？

在这个例子中，我围绕"内向"这个事实说出了我的感受，引起了读者的情绪共鸣，然后给出了我的行动步骤，让读者看完后有更深的启发与收获。这就是一个非常好的讲故事方法，显得真诚而不做作，容易引起读者的讨论热情。

※ 3.4.4 情绪G点法：痛点+对比+信任+行动

情绪G点法适合用在产品的推广种草文案中。具体来说，先引出和放大读者的痛点需求，然后通过对比手法突出产品的功能与亮点，凸显价值感，从而加强读者对产品的信任，最后引导读者做出行动。

"夏天来了，你是否非常羡慕别人露出完美的背部线条，穿上漂亮的小吊带自由地享受阳光与沙滩，而你却因为背部的痘痘懊恼不已，藏起了很多漂亮的露背衣服呢？如果你想要自信地走在阳光下，不妨尝试这款祛痘身体乳。只需要每天在沐浴后轻轻一抹，便可以给肌肤带来清爽不油腻的SPA级享受。仅需一周，后背的痘痘便会奇迹般减少。我们的品牌采用了温和的果酸配方，对痘痘肌更友好。流动性非常强，就像奶昔一样的质感。散发着天然的芬芳，令人就像走进了大自然的果园。这个夏天，你值得拥有一款属于自己的身体乳。"

文案开头便采用了场景对比的手法，戳中读者痛点的同时也激起了人们心中对美好生活的向往——期盼自己拥有光滑的背部肌肤。接着告诉读者温和的配方与技术，赢得读者的信赖，从而令读者产生试一试的想法。最后，号召读者行动起来。这就是一个完整的文案。如果你想写出一段有吸引力的文案，这个模板拿来即用。

— 3.5 —
案例收集：让你的案例比别人的更吸睛

从古到今，故事在我们的生活中发挥着不可取代的积极作用，也贯穿了我们的成长历程。也许你不记得小时候的经历了，但是一定记得小时候听过的那些故事，白雪公主和七个小矮人、美人鱼、田螺姑娘等。如果有个人一天到晚和你说大道理，你肯定只想远离他，但是如果一个人讲故事很有趣，你一定会非常喜欢他，这就是故事的魅力。

为什么人天生这么喜欢听故事呢？这就要从我们的大脑构造说起了。人的大脑有三个区域，一个叫爬行脑，一个叫情绪脑，一个叫理性脑。其中爬行脑和情绪脑对一个人的影响占据了更大比重，而这两个区域掌管着我们的情绪功能。故事容易激发人的感情和想象力，使我们产生更强的沉浸体验和代入感。明白这点，我们就知道要让别人喜欢我们的内容，就要充分运用故事的力量，而不是全篇都在讲道理，这样容易赶跑你的读者。接下来我们就来说说，如何把故事写得更有吸引力，让别人一眼就爱上你的文字。

※ 3.5.1 如何把老故事写出新意

对于职业写手来说，写故事其实不难，难的是把老故事写出新意来。千篇一律的陈词滥调，不仅不受读者欢迎，也容易被编辑拒稿。这里就要提到我在2018年第一次投稿被拒的经历了。当时我还是纸媒思维，第一次接触新媒体写作，兴冲冲写了一篇情感文去投稿，第二天就收到拒稿的消息。编辑直接告诉我，我引用的故事太普通了。这句话等于一盆冷水浇在我头上。

那篇文章里，我写了三个普通人的故事，平淡得就像一杯白开水。编辑告诉我，想要上稿也可以，我必须修改其中的两个故事。编辑的话给我上了一堂新媒体课程，手机阅读的时代，我们不能再写一些大同小异的故事了。后来我替换了一个名人故事和一个热点故事，那篇文章很快过稿并且发表在一家具备一定知名度的媒体号上面。掌握了写故事技巧后，我再也没有被拒稿过，基本都是一稿过。由此可见，懂得如何给故事做包装，实在太重要了。

后来的那几年，我因为在自己的平台发布文章而有了个人品牌，开始被各大平台邀请去讲课，很多写手都来找我给他们改稿子。我发现新手普遍存在一个问题，犹如当年的我，那就是写的故事毫无新意，又或者根本不知道要植入故事来提升内容的可读性，通篇都是空洞的观点，读起来就像啃馒头一样干巴巴，缺少了感情的流动和魅力。很多人不像我那么幸运，第一次投稿就有人给反馈意见，促使我主动去提升写故事的能力。我把这几年的实战经验总结成三个角度和思路，希望能帮你写出更加吸引人的故事。

（1）换人物。假如你现在想要写一个婚姻幸福的爱情故事，你可能第一个想到的是杨绛和钱钟书的故事,那么你再继续往下想,一定还有其他案例,比如某对明星,身边的某对普通夫妇。我们想要把故事写出新意,就要学会从小众人物入手。你能想到的第一个故事,别人也是这么想的。

（2）换角度。比如大火的影视剧《狂飙》,很多人会从情感角度入手来写影评。我看到一篇文章是从职场角度切入的,分享了高效工作法,在平台上火爆,点赞过万。此外原生家庭、穿搭妆容等也是比较新奇的角度。

（3）换人称。同样采访一个畅销书作家,以第一人称来描写,是紧扣人物的内心世界来推动故事发展,以第三人称进行报道,则是以客观角度进行论述和观点输出,会增加许多旁白。换了一种人称之后,故事的面貌就会大为不同。

故事本身就像一颗钻石,它存在着不同的折射面,不同的人看到的是不一样的光芒。我们要做的不是一直挖掘老故事,而是发现现有故事的不同光芒。有了这样的思维,你可以把同一个故事写出一千种版本。

❋ 3.5.2　别人为什么知道那么多新颖的故事？不知道 5 个素材来源就亏了

提到故事写作,很多人都会好奇一个问题：为什么大家的经历差不多,但有些人就是有很多故事可以写,还都是你从来没听过的新鲜事？这就是接收信息不同造成的差异。有人每天接收 1000 条信息,有人每天接收 100 条信息,有人每天只接收 10 条信息,表面上看我们过得相差无几,但是背后做的做、储备的信息天差地别。当你打开了你的信息源头,你会发现你的故事多得像海洋里的水滴。这里介绍 5 个很多人经常忽视,但实际上大有用处的故事来源,只要你将它们好好利用起来,你迟早也是大作家,因为这 5 个素材来源,就是我多年写作过程中亲测有效的。

1. 吃饭社交法

把和 22 个陌生人吃饭的经历,出版成一本书,一上市还非常畅销,这件事听起来是不是挺不可思议的？我身边一个姑娘就做到了,这是发生在她身上的真实经历。当她把签名书寄到我家里后，我非常震惊，因为这件事就是我几年前的想法，我也在践行相同的事情。我先后采访过一手跨境电商、一手头条签约的"80后"军嫂；把瑜伽做成事业，开了6家店的"90后"创业者；大学开始创业，开局就被骗走3万元，花了5年时间把公司干成行业楷模的甲醛师；踩到了视频+非遗风口，从兴趣摄影到商业摄影的"90后"博主……

采访对象不一定要非常高大上，也不一定要你功成名就了才能去做，只要你有勇气、愿意尝试，可以从你身边的老同学或者同事开始，发出第一个邀请。采访就像认识世界的一个窗口，你很难想象，在这个世界的某个角落，还有这样一群人的存在，很难想象我们会和另外一群人碰撞出什么故事，但是一定会带给你认知的刷新，还有内心的震撼。

2. 头条媒体法

信息化时代，我们习惯了从手机获取信息，而新媒体平台就是我们要重点关注的地方，比如微信公众号、今日头条、知乎、小红书、抖音。它们无时无刻不在给我们推送当下的热点，这些就是我们创作的最好来源。想要创作出大家喜闻乐见的内容，就不能对外界充耳不闻。关起门来创作，这样是很难写出贴近大众的作品的。对于创作者来说，每天抽出10分钟，看看今天的热点事件，并不算一件难事，也是我们做好创作的必修课。

3. 书籍阅读法

有句话说得好，你现在的样子，藏着你读过的书、走过的路、爱过的人。对于作者来说，读书就是最好的养料，可以给你提供一个认知升级的渠道，也可以帮你触发很多创作的灵感。可以说，一个不读书的人，很难保证长期输出，因为知识总有枯竭的一天。当你写着写着感觉脑袋空空的时候，捡起书本又能及时补送输出的营养了。

4. 闲聊深挖法

莫言曾说过自己的创作素材来源于村里的老人讲故事，如果你无法坚持读书，那么至少也可以尝试一番闲聊深挖法。我最喜欢的就是在各种场合尝试和陌生人聊天。

比如我在打卡咖啡店的时候，看到店主闲下来了，我就会主动聊起来："你们这家店是新开的吗？最近我刚好在某某地方刷到就来了。""你们晚上开到几点啊，下次我邀请其他朋友一起过来。""老板你这拉花拉得又快又好，你是不是做咖啡很久了啊？"这样的聊天方式，可以快速拉近彼此的距离。聊了两句后，不少店主主动和我分享了他的创业经历，还像献宝一样，从柜子里拿出各种各样的咖啡豆，给我介绍这些豆子的风味和特点。一杯咖啡的时间，我已经收集了不少素材，回去都能写好几篇文章了。

5. 音频收听法

我身边有很多朋友喜欢在开车的时候收听音频，这样可以有效把时间利用起来，开车也不会太无聊。音频输入也不失为一种获取信息的好渠道。

以上 5 个收集素材的来源，就是普通人都可使用的。所谓功夫都在诗外，做个生活的有心人，相信你可以成为一个高产作者。

— 3.6 —

观点练习：不会写观点？4+3 组合拳让写作像呼吸一样简单

观点是一篇内容的灵魂，也可以说是点睛之笔，当你想不到要写什么的时候，其实就是没有一个聚焦的观点，而观点很多时候都是从一个事件或者某个现象中提炼出来的。不知道你发现没，有些人观察入微，随便一个事都能提炼出观点，但是你面对同样的事情，好像也能察觉到什么，但就是说不出自己的观点，更别说输出一篇内容了。可以说，观点就像那串起珍珠的线条，当你缺乏观点的时候，再好的素材摆在你眼前，你都没办法把它们串联起来，最多就是输出几句零散而缺乏结构的话语，但不能形成有条理、有支撑的内容。当然，提炼观点也是可以刻意练习的，那些妙语连珠、滔滔不绝的人，也是经过长时间练习，才能随时随地发表自己的看法。

想要提升输出观点的能力，我们要做到以下4点。

收集观点：有段时间我订了一些杂志，上面有很多类型的专栏，一本杂志就能收集20多种观点，比如拒绝外貌焦虑、拒绝被他人定义、拒绝舒适区，等等。当你没有见过各种各样的观点的时候，你的脑海里很难有新的创意，因为创意不是天上掉下来的，而是我们看多了、听多了之后，产生的聚合作用。

分析观点：他人的观点不一定是需要全盘接受的观点。比如，如果你看到了是拒绝外貌焦虑的观点，那么可以进行如下分析：这个观点一定是对的吗？我能不能有别的看法？有适度的外貌焦虑是不是可以促使我们更注重外表，加强锻炼和饮食管理？是不是可以提升我们外表上的美好度？

仿写观点：比如我看到了一篇文章叫《吃生蚝，就像亲吻了大海》，那么我可以这么仿写：《吃西瓜，就像亲吻了夏天》。如果我现在给你一个标题叫《二十几岁的你，值得一段向下扎根的时光》，你可以仿写出什么观点呢？

升级观点：模仿只是学习的开始，为的是在这个过程中习得大量的观点，形成大脑的记忆回路，最终突破认知局限，生成无数的创意。因此，在模仿的同时，我们还要多想一步：我该如何在对方的观点之上，加入我自己的思考与洞见，从而迭代出更厉害的观点、更深刻的洞见？所谓大师，就是集百家之长，融会贯通，自成一派。

由此可见，有了观点只是有了最重要的一块拼图而已，你需要结合这4步，才能真正把你的观点孵化出来，形成一篇文案地图。

※ 3.6.1 正反练习法

张泉灵老师在演讲中说过一个观点：当我们不知道什么称为有趣的时候，我们可以先思考什么叫无趣。

这种反向的思考方式，可以提升我们对观点的敏感度，让我们的话题变得更有思考力与独特性。当我们想要写出让人眼前一亮的观点，便可以进行针对性的训练，不断反问自己这个观点有没有另一面。

比如当你听到"结婚要找个老实人"这种观点时，你可以问一下自己，会不会有一种观点是"好的婚姻就是不要找老实人"？

关于这两种观点，你能不能分别找些案例来佐证一下？尝试成为观点的正反方，在内心不断去做左右互搏，这样的练习可以提升我们思考的全面性，使我们不易被表象蒙蔽。经常如此练习可以让我们更容易看到别人看不到的B面视角，更容易写出让人眼前一亮的观点。

※ 3.6.2 黄金三点法

黄金三点法，是指我们可以针对一个现象来深挖几个问题，从而让思维进行发散式的延伸，获得更多样的灵感。你可以问：这个观点是什么造成的？有什么现象可以支撑论证这个观点？那我们到底怎么做？

还是以"结婚要找个老实人"这个老一辈人眼中的真理为例子，我们可以问：面对这个现象，生活中可以找到什么例子？为什么老一辈人会形成这样的观念？那我们到底要怎么行动？

通过这样的深挖，我们可以写的观点就很多了。可以写一写这种现象本身，可以分享一下"背后的原理"，还可以专门写一篇面对这种社会的主流现象，讲一讲我们应该怎么做选择。

通过这样的层层递进，方便读者理解与接受你的观点，并且也不会停留在表象的论述，而是深度探究背后的社会现象，最后还能给读者一些行动启发。这样的文章，传递的价值感和内涵感更强一些。

※ 3.6.3 读书扩写法

很多朋友看完一本书，会觉得积攒了一肚子话，但是不知道怎么去表达，怎么把自己要说的东西讲得更加言之有物，这时候我们就可以使用读书扩写法。比如看完一本书，你有没有特别想问作者的话题？可以把它记录下来，写一篇《假如我可以和××作者对话，我想讨论的一个核心观点》。针对这本书中最触动你的一个观点，可以结合自己的经验与想法进行二次提炼与加工，从而产出一篇全新的内容。比如我看完一本关于断舍离的书籍，结合自己在物欲、社交与消费方面的减法实践写一篇内容，结合这三个小论点来支撑我的总论点，这样文章就会显得饱满、厚实、有力度。

读书扩写法，主要是结合书中的观点来梳理、观照内心。值得注意的是，不要通篇只有形而上的观点与论述，还要结合案例把文章写得更动人一些，更有温度一些。

如果观点是鲜花的话，那么故事就像绿叶，没有绿叶的衬托，鲜花也显得逊色几分。

— 3.7 —
金句秘籍：搜索力比记忆力更靠谱，3个实用小妙招让你高效写作

金句就像穿搭中的配饰，它可以使整个造型更加出彩。没有它，整个造型会显得黯淡无光。读完一篇文章之后，我们也许忘了具体的内容是什么，但你一定会记得的那个句子，我们把它称为金句。金句富有哲理，短小精悍，句式有一定的对称美和押韵感，因此更容易被人记住，也容易广为流传。因此好的内容，少不了金句的点缀，如果你想要提升自己的文采，希望自己的文案更加有美感和华丽感，学会写金句是重中之重。有了金句的加持，你的文章质感会更上一层楼，让人觉得你文采飞扬、出口成章。

❉ 3.7.1 常见的金句模式

看完上面的描述，你可能还是不知道金句到底长什么样，接下来我们一起来了解具体的内容。金句的模式都有哪些呢？主要可分为6种。

1. 对仗型

生如夏花般绚烂，死如秋叶般静美。对仗型的金句读起来非常优美，且音律对仗，有一种井井有条的对称美，同时也朗朗上口，因此受到大众的喜欢。如果我们能在文章里面多植入一些金句，整篇文章会显得更有质感。

2. 押韵型

九年卧薪尝胆，六月一马冲关。在富有哲理的基础上，还做到了句式的押韵，能够写出押韵型金句，可见写作功底是比较扎实的。

3. 首尾型

岁月不曾饶过我，我亦不曾饶过岁月。这种首尾呼应的句子有一种往复循环的美感，让人觉得意犹未尽，又富有想象空间。

4. 对比型

即便身处阴沟，也要仰望星空。阴沟和星空形成了鲜明的对比，更加突出了一种积极向上的精神，因此能给人一种治愈的力量。采用对比手法来描写金句，就会给人留下悠长的回味。

5. 比喻型

满地都是六便士，我却抬头看到了月亮。六便士比喻现实，月亮代表理想，通过这样的比喻手法，可以把两个常见的事物，说得更加富有诗意和文艺美，传递出语言的魅力，并做到了一语双关。

6. 排比型

你现在的气质里，藏着你走过的路、读过的书和爱过的人。通过三个排比，增加了语言的气势感，也起到了一种不容置疑的强调作用。

※ 3.7.2 提升搜索力：3招快速找到你要的金句

通过上文介绍，你一定可以感受到金句的美感和哲理性，也希望自己能够在内容里面添加一些金句，来提升作品的传播性，但是很多人并不晓得去哪里找这类句子。他人信手拈来的内容，自己创作的时候，就搜肠刮肚也找不出。

这里我给大家介绍 3 个方法，帮助你快速搜索到你想要的金句。

1. 关键词搜索法

如果你想要写一篇关于"力量感"的文章，那么你可以搜索"力量感金句"，而搜索的渠道包括百度、小红书和知乎等平台，任君选择。

2. 文章搜索法

如果你并没有特定的主题，仅仅希望搜集到更多的金句，那么可以找一些爆款文章来进行筛选，这时候你可以阅读任何主题、任何渠道的文章，从而进行沙里淘金。

3. 名家搜索法

就拿情感话题来说，可以从知名的情感作家开始搜索，张爱玲、张小娴、武志红老师都是情感领域的专家，他们创作了很多家喻户晓的金句，我们可以从中找到与主题相匹配的金句进行创作。如果你要创作的内容是关于生活或者艺术的，那么蒋勋先生、雪小禅老师都是这方面的高手，他们有很多经典语录被传为美谈。

— 3.8 —

修改 5 步法：帮你打磨出一篇优质爆款文

老舍说过："我们应当先把不必要的话，不必要的字，狠狠地删去，像农人锄草那样。"这个比喻真的非常形象，一盆花想要长势喜人，定期修剪枝叶、去除杂草都是必要的工作，想要一篇文章变得更加耐读，也需要对文章进行打磨与删减，让结构变得紧凑，通篇字句变得更具可读性。本节我们就要了解一下，写作过程中，我们如何对文章进行有效的删改，帮助我们写出一篇优质的爆款文章。

❄ 3.8.1 标题修改

标题是一篇文章的重头戏，写一篇文章，需要我们花费一半时间在标题的打磨上面，但是很多人的做法并非如此，往往是精心设计内容，但是随便写了几个字作为标题，结果一发出去发现文章根本没人看。

标题就像一个人的面容，面容长得不好看，别人自然不会对你的内涵感兴趣，题目没有吸引到相关的人群，文章自然也就没有点击率了。

因此我们对文章的修改，第一步应该落在标题上。不断去修改，不断去问自己有没有更好的标题，在你没有想过5个标题之前，不要说你把最好的标题拿出来了。

❄ 3.8.2 头尾修改

正文的关键在于头尾，因此有凤头豹尾这一说。我在一对一辅导学员的过程中，经常发现学员把正文的开头写得非常精彩，动不动就是大几百字的笔墨，但是对结尾草草了之，有的是不知道怎么写，有的是意识不到结尾的重要性，有的是写到后来自己先泄气了。总之，头重脚轻是很多人会踩到的一个雷区。在初稿完成后，我们要检查一遍文章的头尾有没有相同的权重，一个精彩的开头也需要一个掷地有声的结尾才能相匹配。

❄ 3.8.3 故事修改

故事是一篇文章的重点组成部分，因此对故事的推敲也是一项必做的功课。那么如何对故事进行修改呢？

有两点是我们必须关注的：

一是故事的篇幅适中。不要一个故事一上来就写了几千字，显得啰嗦拖沓。重点部分我们可以进行精细的描写，可有可无的地方可以省略不提，或一笔带过。

二是故事的布局安排。比如要论证一个观点，你可以安排一个普通人的故事，一个名人故事，一个电视剧的故事，它们分别起到不同的作用。普通人的故事负责引发情绪共鸣，说出大家的心声；名人故事和电视剧的故事可以提升文章的热度与影响力，产生传播性。这样的搭配就像一桌好菜，有荤有素，吃起来更营养健康。如果都是单一的普通人故事，读起来就像吃太多素菜，难免感觉少了点什么，因此故事的合理布局可以提升内容的吸引力。

※ 3.8.4 病句修改

对初稿进行通读是修改病句的最好方法。不管创作时多么情绪高涨，觉得自己如何思如泉涌、文采飞扬，过段时间后再来读一读这作品，你也会发现很多不合适的地方。比如有些句子产生歧义了，有些句子产生前后矛盾的问题，有些句子读起来非常拗口、不通顺，这些地方就需要我们进行修改编辑，从而让文章显得更有质感。

※ 3.8.5 错别字修改

错别字是最容易影响文章观感的错误之一，容易造成内容不连贯不说，还容易给人留下不走心的印象，因此错别字检查是文章删改的重要任务之一。第一遍完稿后，我们要对全文进行仔细的检查，此时可以借助一些高科技工具进行检验，以减少我们的工作量。比如公众号编辑器会提示你文章存在哪些错别字，这样我们修改起来就更加省心了。

创作固然重要，但后期的编辑和打磨更是关键。初稿就像一块璞玉，虽然具备了不错的雏形，但是距离完美还差一步，而修改和打磨，就是把这块璞玉打磨成艺术品的过程。只有不厌其烦地进行雕刻与调整，文章才能绽放出迷人的光彩。

最后，我们来总结这一章的内容。这个章节主要介绍了如何快速搭建一篇文章，从标题、故事、金句、观点方面做了全面的介绍与指导，手把手教你构建文章的框架，再到打磨出文章的血肉。这样一来，写作就有了结构化的方法，写出来的文章会更加有逻辑、有条理，直戳人心。

第4章 勤练习：从小白到高手，功夫要用在平时

CHAPTER 4

"哪里有天才，我不过是把别人喝咖啡的工夫用来工作。"

鲁迅的这句名言流传至今，就是因为它揭示了一个重要道理：高手靠的不是一时的爆发力，而是日积月累的努力与坚持。写作这件事也是一样，哪怕是成名作家，也是笔耕不辍，他们深知写作需要保持手感，因此每天坚持写作，这也是他们从新人到逐渐崭露头角的秘籍。

因此，你不需要担心自己此刻默默无闻，或者还没有达到自己心目中的理想状态，只要功夫深，铁杵磨成针。

本章我们就来了解一下，平时我们该如何去打磨文笔，并且快速高效地构筑一篇文章的筋骨与脉络、填充内容等，从而输出一篇扎实耐读的文章，让文章犹如一个成熟多汁的桃子那般诱人。

— 4.1 —
文件夹：3个步骤打造素材库，灵感多得写不完

有个青年出身贫寒，学历也不高，只读了几年书就开始四处打工了。可就是这样一个零基础的新手，只用了一年，就从一个印刷厂工人变成了著名作家。他就是美国开国元勋之一——本杰明·富兰克林。

他在印刷厂当工人时，别人对待工作都是浑水摸鱼，到点就准时下班，而他不仅认真做好本职工作，还会把报刊上的内容一字一句记下来，等到下班便拿起笔把脑中的内容写下来，之后再对比原文和自己写的文字，一字一句地揣摩其中的差距。

经过长期训练，他从一个一篇文章都写不完整的新手，变成了闻名世界的专栏作家。出色的文字功底也帮助他的政治事业更上一层楼，让他获

取了极大的财富和成绩。

富兰克林用的方式就是"锚定写作法"，以某个内容为参考锚，经过自己的思考整合，把内容重新排列输出。这样训练很容易形成自己的见解和观点，帮助我们更快更好地输出内容。很多高手都借这种方式进行写作训练，我们同样不能错过这种提升写作能力的好方法。

4.1.1 写作不是记住信息，而是锚定信息

我认识一个写育儿文的上稿达人，她平时在国企工作，下班还要自己带娃，周末才有一点时间花在写作上面，但是她一个月能稳定输出六七篇高质量的稿子，副业月入过万对她来说就像喝水一样轻松。

我曾经请教她有什么独门秘籍，原以为她会分享什么写作绝活，没想到她只是轻轻巧巧说了2个字——锚定。她想要写什么内容，就会先去看看别人怎么写，学习对方写得好的地方，再融入自己的一些观点和新的看法，比别人写得更新、更全、更深入。接着她补充道，一个人记忆力再好，永远比不上互联网的储存量，更何况，大脑是用来思考的，不是用来记住信息的。

诚然，在信息时代，我们每天接触的信息数不胜数，如果每条信息都往大脑塞，还有时间和空间用来思考吗？储蓄信息这件事，并不是越多越好，懂得做减法，才能让大脑轻装上阵。

这让我想到一个刚入门写作的朋友，她非常喜欢写作，但是每次想到一个不错的观点，却因为肚子里"没货"，绞尽脑汁也写不出什么内容，这深深打击着她的自信心，她险些都要放弃了。后来我建议她，每次不知道写什么的时候，先在百度输入关键词，找一些有料的文章，读一读，看一看，也许思路就扩展了。

她按照我说的方法去做，坚持了几个月，很快就积累了不少素材。在搜索的过程中，她增加了不少输入，积累了很多好词佳句，也丰富了案例库。久而久之，碰到任何选题，她多少都能说上几句了。随着时间的推移，她慢慢变成了一位写作高手，成为平台上小有名气的内容博主。

第 4 章　勤练习：从小白到高手，功夫要用在平时

她的写作精进并没有什么特别的契机，纯粹是因为锚定输入再进行输出。有了参考范文，她的思路就像装了触发器，每次都会产生很多新的灵感。

通过上面两个案例，我们可以得出一个结论：写作并不是靠脑子记得多。很多时候，我们要给大脑开个外挂——找到锚定点，高效调取各个渠道的信息，搜集素材、金句和美文等，反而能让我们避免灵感枯竭和素材匮乏的尴尬，迅速提升写作能力。

那么锚定写作法对于写作者有什么价值呢？我认为至少有以下 3 点好处：

扩展式输入，给大脑开外挂。当我们面对一个选题脑子一片空白时，可以先扩充我们的阅读面，扩展思维，发散灵感，耳口鼻心全面打开，那么，我们接收到的信息是成倍的。当你输入量足够了，就会从量变到质变，这时候大脑就有了一个强悍的外挂。

节约时间成本，高效写作。不知道你有没有遇到一种情况，本来记得某个故事、某个案例，然而时间太久了，具体的故事和细节忘得七七八八，怎么回忆都想不起来。如果就这么放弃了，确实非常可惜，如果我们能够根据残留的记忆，通过关键字在互联网找到确切的情节，写作就变得简单了。我们只需要花费几分钟，就可以获取到我们想要的信息。把时间留给创作会更有价值。

清除空间，提升大脑的思考力。我们都有类似的经验，电脑一旦内存满了，运转能力就变得很差。同理，大脑记住的信息多了，也会占用我们思考的空间，你记得的东西越多，你用来思考的时间和空间就越少。过多的信息，只是一种负荷而不是知识。有一位科学家说过："记不住东西是因为你记住太多东西。你需要对你的大脑进行一次大扫除，删除多余的记忆。"

锚定式写作，精髓在于放弃对大脑记忆的依赖，而是依靠你的搜索能力，这时候你的大脑不需要增加负荷，反而非常轻松地畅游在各种信息里面，更容易产生思维的碰撞和灵感的迸发。

综上所述，写作高手未必是记得多的人，也未必是写得多的人，而是

那些善于锚定信息的人。信息没有边界，互联网上的资源也取之不尽，我们要学会用巧劲写作，把力气花在更有价值的地方。

❋ 4.1.2　想要写出爆款文章，用黄金3点法打造灵感库

通过上文我们了解到高手都善于锚定，那么锚定式写作如何更好地运用到写作当中呢？答案就是建立我们的灵感库。正如作家秦牧说："一个作家应该有三个仓库：一个直接材料的仓库装从生活中得来的材料；一个间接仓库装书籍和资料中得来的材料；另一个就是日常收集的人民语言的仓库。有了这三种，写起来就比较容易。"

有了一个万能的素材库，就像有了一幅写作地图，按照上面的指示前进，便能畅通无阻地达到目的地，再也不会感到彷徨和迷茫了。接下来我们一起学习：从哪寻找灵感来搭建我们的灵感库呢？

1. 标题库

（1）搜索法。

从小红书首页搜索：例如，我们想要搜集职场方面的标题库，那么可以在首页输入"职场"，接下来就把首页出现的前排50个爆款标题记录下来，以便我们分析、拆解和重新组合，如图4-1所示。

从知乎问答搜索：知乎作为一个汇集了大量优质回答的

图4-1　小红书搜索

内容社区，完全可以作为我们积累标题的来源之一。以互联网领域为例子，我们会看到很多相关的问题，把它们收集到我们的灵感库，便可以扩展出很多爆款内容，如图4-2所示。

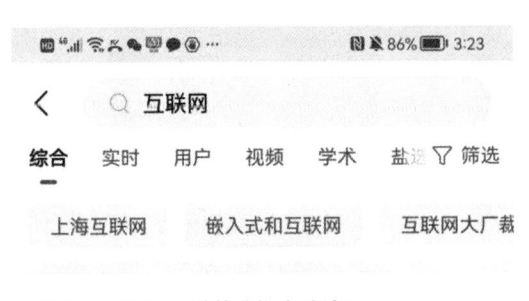

图4-2 知乎问答搜索

从公众号平台搜索：公众号文章具备原创和内容包罗万象的特点，我们可以在公众号搜索栏输入我们想要了解的话题，从而获取更多相关的内容，比如我想知道出书的相关内容，那么输入"出书"，便可以找到许多知识点。

通过小红书、知乎和公众号这些平台的搜集，我相信可以汇集到很多不错的标题，把它们一一加入灵感清单里面，就可以让我们有写不完的标题，也更容易总结到爆款标题的规律，提升写作敏锐度。

（2）资讯法。

平时刷网页的时候，看到不错的题目模板，可以有意识地收集起来。比如我平时喜欢看一些观点类的公众号，像有书、十点读书这样的账号内容都很优质，看到吸引我的标题，我就会将它添加到我的标题库里面。

（3）工具法。

借助句子迷、今日热榜等工具探索标题。以写作主题为例，在今日热榜上面搜索"写作"和"自媒体"等关键词，对比什么词汇的热度更高，如图4-3所示。

尤其是当我们有了几个不错的标题，但是拿不准哪个热度更高的时候，借助工具的专业分析，我们可以快速做出最佳决策，提升写出爆款的概率。

2. 选题库

（1）同行法。

创作内容不能只是闭门造车，更需要多看看同行在写什么，适度学习和借鉴别人的内容，有助于触发更多灵感。我在各个平台输出了几百篇写作干货后，也一度遇到输出瓶颈，面对电脑什么也写不出，账号也断更了一个月。后来我决心要做出改变，于是找了十多个优秀同行的账号去分析，发现很多选题都是我以前没有想到的，看完之后整个人就像被打通任督二脉，当天一口气就写了6000多字干货。

（2）平台法。

小红书、头条、抖音等平台都会提供不同的创作活动，参与活动不仅可以获得上热门的机会，还可以帮助我们免去了找选题的苦恼。以抖音为例，我们可以点击个人主页右上角三条横线，点开创作者服务中心，就可以看到找灵感、找爆款、找热点三个栏目，点开内容选择符合我们定位的

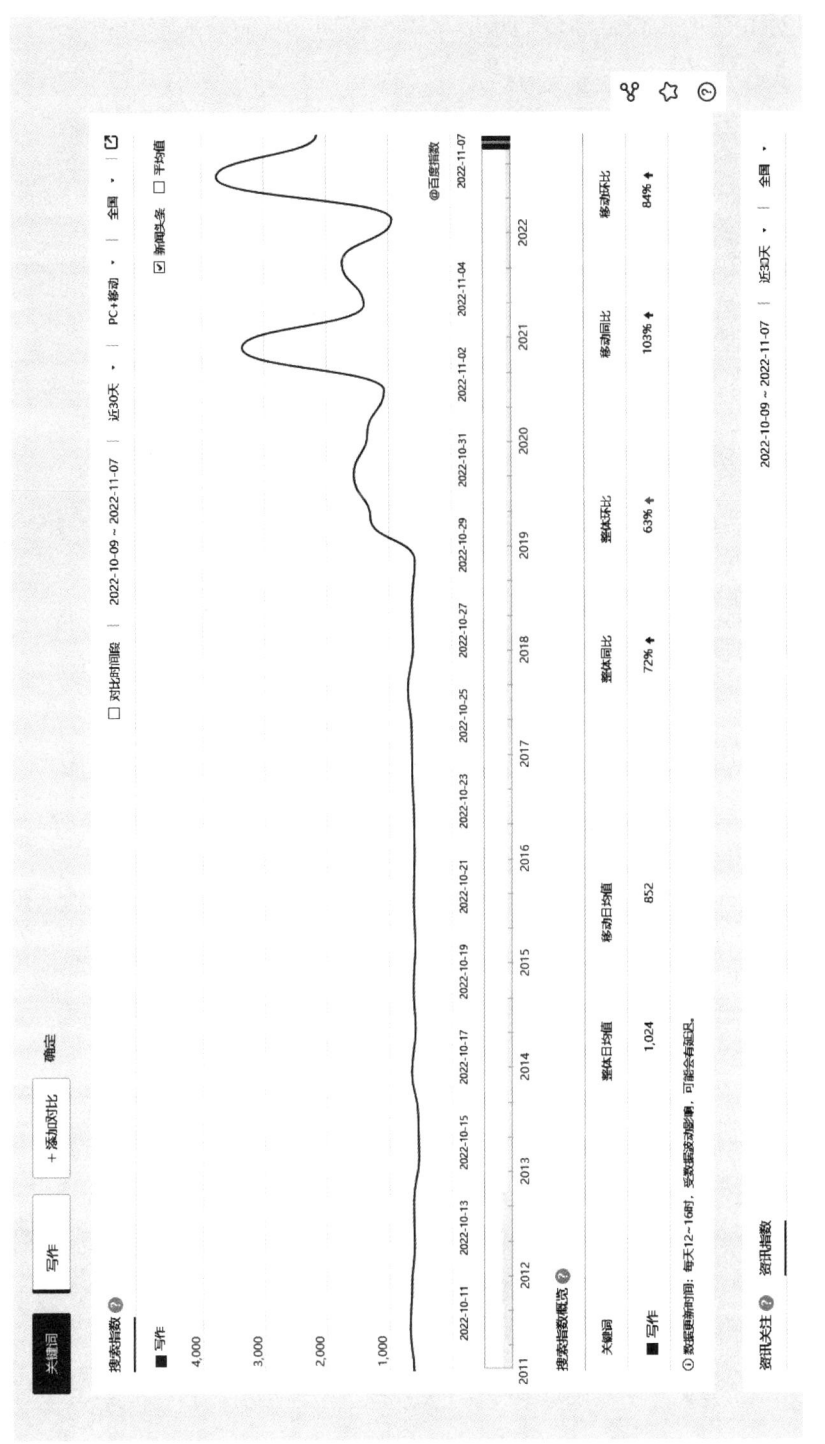

第 4 章 勤练习：从小白到高手，功夫要用在平时

图 4-3 今日热榜两个关键词热度对比

话题进行创作即可，如图 4-4 所示。

图 4-4　抖音创作服务中心

（3）访谈法。

我每周都会给自己设置一个"社交滋养日"，这一天我会放下工作，走出去社交，约见不同行业的朋友。

截至目前，我的访谈专栏已经收集了很多朋友的故事，包括把上海 30 多平方米出租房打造为森林博物馆，被媒体争相报道的"90 后"家居博主；开了 6 家瑜伽店的"90 后"女生；在浙江做跨境电商、下班后在头条写作被签约的"80 后"军嫂；从景德镇学习归来做陶艺老师的"90 后"女生；有 16 年职场经验，获得研发专利与大奖的女科学家；10 岁就跟随家人到国外读书，毕业后自学计算机被微软录取的工程师。

我把他们的故事收集起来，经过整理写成行业故事后，满足了读者对其他行业的好奇心，很多读者也从这些故事中吸收到了跨界知识，因此这些行业故事具备很高的热度。访谈式对话是我收集选题的一个重要渠道。

3. 素材库

（1）读书法。

我平时很喜欢读人物传记，稻盛和夫的故事给了我很深刻的启发。稻盛和夫一生获得殿堂级的企业成绩，留下的著作和阿米巴经营模式对世人的影响深远。出人意料的是，他的职业起点并不高，大学毕业后，稻盛和夫去了一家濒临倒闭的京瓷厂，因为发不出工资，同事接二连三地离开了。他本来也想辞职，没想到阴差阳错留了下来。

他觉得既然留下了，就要全力以赴，抱怨和愤懑改变不了现状，于是他直接住在公司，开始没日没夜地学习，看着杂志，啃着面包，连走路都在想着怎么做产品。一年后他开发了合成"镁橄榄石"这一材料的方法，解决了一个行业上的难题。因为这项技术创新，稻盛和夫最终令公司起死回生。

稻盛和夫一生做出了无数杰出的贡献，这和他的匠人精神是分不开的，也是他七十多岁还能挽救日航的原因。我们可以将这些故事作为职业选择、跳槽、专注、热爱、励志等方面的素材。

（2）影视法。

《甄嬛传》播出十年，依然有很多媒体号输出这部剧的内容，作为忠实粉丝的我，每次看到这些剧评并不觉得老套过时，反而觉得回忆感满满。有一个媒体号结合孙子兵法来解读剧情，这个旧热点因此获得了新的价值和亮点。一边重温剧情，一边借着故事学习孙子兵法，读者都直呼过瘾。

前阵子，我去电影院看了《万里归途》。这部电影在网上的评分高达9.6，它到底讲了什么故事这么吸引人呢？看完我才知道，电影讲述了中国外交官带人民归国，经历家人分离、战火四起、枪杀对赌、战友牺牲一系列考验，外交官和人民群众团结一致、上下一心，最终不辱使命、不忘初心，成功把中国人民带回家团圆的故事。

当时看完这部电影，我和朋友的心情都非常激动，一种浓烈的爱国情怀油然而生。回家之后我还沉浸在剧情里面，很想说点什么来表达一下我的心情。我想着，当年我已经看了十几部电影，很多都没给我留下什么印象，为什么这部电影让我有写作的冲动呢？

经过思考分析，我发现这部电影的主题很抓人，切中了观众的爱国情怀，简直是自带爆款基因啊。其次，剧情人物的塑造和情节埋伏做得很出彩，多处采用艺术创作的手法来烘托战争和爱国的氛围，这和写作不是一样的吗？

于是我根据电影剧情，提炼了爆款写作的3个方法：选题自带爆款因子、U型故事法和对比写作法则。这篇文章也让观众觉得眼前一亮，老生常谈的写作题材，因为植入了热门电影，瞬间又给人带来新鲜感和话题参与感。

（3）热点法。

2022年，我凭借小红书达人身份申请到一个烛光音乐会的嘉宾名额。当时我是被小红书笔记种草的，在长达半个月的时间里，我每次打开小红书，都会频繁刷到这场音乐会的笔记。精美的音乐会图片和限额参与的介绍瞬间激起了我的渴望，于是我第一时间申请了名额，最终也如愿参加了一场盛大的音乐会。

活动那天我作为特邀嘉宾，收到了工作人员给我准备的绑着丝带的黑色邀请函、玫瑰花和气泡水。专属的座位也是心意满满，旁边摆放着很多点亮的烛光，瞬间感觉氛围感拉满了。听着大提琴、小提琴和钢琴演奏着周杰伦的歌曲，或抒情，或悲伤，很容易勾起人的思绪，我整个人都沉浸在歌曲所营造的氛围里。而这场活动也大获成功，很快地，烛光音乐会在全国各地流行起来，连三四线城市都搞得如火如荼。这种烛光+音乐会+当红歌手的组合营销，确实满足了观众的社交需求和艺术享受，快速走红也在情理之中。

那天看完音乐演出后，我便拆解了这场音乐会的品宣和推广模式，总结了4个营销方法。内容分别是：利用"明星效应"，进行情感式营销；造"仪式感"和"荣誉感"，形成病毒式营销；利用平台矩阵，漏斗式锁住用户；强化用户行为，闭环式二次吸粉。

无论是新闻热点，还是我们生活中亲身体验的一些热点事件，都可以成为我们的内容素材。这些热点不仅可以给我们带来流量的加持，更能反哺我们自身的成长，不断训练我们的逻辑和思考能力。

4.1.3 延伸和整理素材库的方法，从小白快速进阶为高手

了解搜索灵感库的渠道之后，相信你对写作已经多了几分信心，也打算进一步建立自己的写作素材库，但是仅仅生搬硬套别人的内容，就能帮助我们精进写作吗？

答案是否定的。搜集内容只是为了让我们打开思路，不是为了去抄袭，更不是为了成为别人。我们写作的最终目的是写出自己、表达自己，这里我结合 5 年的写作经验提炼了一些方法给你，看完你就可以凭借 1 个选题，延伸出 10 个选题，每天有写不完的素材。只要思维打开了，你会发现写作充满无限可能。

（1）时间替换法。"如何写出人生中第一本小说？坚持 30 天就够了？"可以替换为我的选题："如何写出人生中第一本畅销书？坚持 4 个月就够了。"然后我可以分享我是怎么花 4 个月时间，从 0 到 1 写出第一本 30 万字的自媒体书籍的。

（2）场景替换法。"全职写小说半年，赚钱 & 存款"替换为我的选题："全职写小红书半年，赚钱 & 存款"。马上就是不一样的内容了，而且带上了自己的故事和经历，吸粉程度会提升好几个级别。场景替换法，可以理解为替换平台、地点、场合等内容。

（3）人群替换法。"我的 4 个宝藏副业，女孩子就该狠狠搞钱"替换为："我的 4 个宝藏副业，'90 后'女生就该狠狠搞钱"。将"女孩子"改为"90 后女生"，吸引的粉丝反而更精准，也更符合我的人设，更重要的是做到了选题差异化。

标题和选题都可以用这 3 个方法来进行题目的拆分组装，从而避免选题的重复，降低抄袭的风险。

接下来，请你拿出一张纸和一支笔，按照我们介绍的三个方法，把吸引你点开的标题，按照改变人群、时间和地点的方法，生成你自己的灵感清单吧！

关于延伸素材库：

手机阅读时代，人的注意力只有三秒，如果你的内容不够吸引人，用

户一秒就划走了，你精心准备的内容还没上场就被淘汰出局。想要快速抓住读者的注意力，让内容变得更吸引力，加入故事案例是绝佳方法。当然，故事并不难找，只是在信息过剩的时代，如何找到新鲜好玩的案例才是我们应该考虑的问题。今天就来分享2个小技巧，帮你打造一个新鲜有趣的素材库。

比如我们收集到杨绛先生和钱钟书的爱情故事。那么这个案例可以这样去拓展：

（1）横向挖掘。由杨绛先生的故事，我们可以横向挖掘：还有哪些作家的爱情故事被传为佳话？这时候我们脑海里一定会蹦出很多名字，如三毛和荷西、林徽因和梁思成、胡适夫妇。这样就由一个案例得到了4个故事案例。写到相关选题的时候，我们是不是就有了4个案例可选？经常做这样的思路练习，可以让我们的思维更加开阔，写作灵感总是停不下来。

（2）纵向挖掘。从人物本身的故事，向下深挖到他笔下的作品人物，可以让我们发现更多素材。钱钟书先生在作品《围城》里面，描述了小镇做题家方鸿渐在岳父资助下出国留学，而后与多名女子发生一系列爱恨纠缠的人生经历，这些故事也可作为感情素材来使用。

如果素材人物不是作家，没有作品故事可挖掘怎么办？还有一个角度可以向下深挖。假设某个明星拍了一部戏，那么我们可以深挖戏剧背后的故事。比如某女星需要拍摄一场被狼群追杀的戏，为了让节目效果更逼真，她坚持不用替身，而是亲自上场在沙地里打滚，摔得满身都是淤青和伤痕也毫无怨言。这样的故事案例也可作为自律、励志、敬业、真实、敬畏等题材来用。

扩充灵感库之后，相信我们的素材已经多得写不完了。接着很多朋友可能会遇到一个问题，就是内容太多了，不知道怎么去整理，才能方便我们后续的使用。这里推荐给大家一个方法——标签模块化管理。

标签模块化管理分为三步：

（1）关键字记录。比如我们现在要整理稻盛和夫的故事，可以按照一些关键字来进行保存记录，如稻盛和夫京瓷创业经历、稻盛和夫晚年挽救日航，按照时间、人物和地点三要素，把故事完整地记录下来即可。

（2）分类存放。我们可以把素材分为职场、亲情、婚姻等主题进行分门别类，就像不同的菜系一样，鲁菜、粤菜、川菜出现的场景和吸引的人群是不一样的，素材也是如此。做好了内容分类，便可游刃有余地将其运用到不同的内容当中，从而把素材最大化地利用起来。

（3）定期整理。做好前面两步，我们还需要对素材内容进行定期管理，进行适当的添加或者删减，保证我们的素材库井然有序，需要的时候便可轻松自如地调取素材。

看到这里的你，已经轻松掌握了填充素材库、延伸素材库和整理素材库的三步骤，现在请你花一点时间进行实操，从 0 到 1 打造一个为你量身定做的素材库吧。

— 4.2 —
不知道写什么，没太多时间写作，从 7 个创意写作开始

❋ 4.2.1 梦境记录法

很多著名的创作家曾因为一个梦成就了一部伟大的作品，其中就包括很多文学家。梦中的情节总是来源于生活，却又是跳脱出生活的大胆想象。当身体处在一个平静放松的状态下，人类的大脑会更富有想象力与创造力。

我有个朋友特别爱做梦，他几乎每周都会梦见各种稀奇古怪的场景，有时会梦见外太空穿越的剧情，有时会梦见自己换了一个性别在经历各种匪夷所思的事情，有时会梦见一个根本不存在的朝代，总之他的梦境总是叫人惊叹他的想象力，同时也忍不住让人好奇，为什么有些人做的梦总是充满了戏剧性与冲突性。我常常在想，如果我能够像他一样有这么多梦境，恐怕早就变成小说家了，可惜我一年都做不了几个梦，而且梦里也没有那么多夸张的情节。

如果你发现自己特别爱做梦，千万不要浪费这么好的内容素材，一定要及时记录下来，把它当成一种自由写作的练笔。梦境的内容没有套路的

约束，也没有内容的限制，可以锻炼我们的思维能力和想象力。除了记录的方式，我们也可以通过讲述给另一个人听的方式，去梳理情节，锻炼我们组织语言的能力。

※ 4.2.2 六顶思考帽思维法

爱德华·德·博诺博士被誉为"20世纪改变人类思考方式的缔造者，他发明的六顶思考帽思维法影响了无数人。这个思维模型可以提升我们的全局思考力，让我们有更好的辩证眼光，这种模型迁移到写作当中也是非常好的。

六顶思考帽的实体内容如图4-5所示。

那么我们如何使用六顶思考帽思维法来写作呢？以"我到底该不该听父母的话，回老家发展"这件事来分析：

戴上白色思考帽去写作，我们可以分析出客观事实，比如：在老家发展的话，适合自己的行业有多少？有什么岗位是可以做的，这些岗位目前的薪资水平是多少？比如直播岗位可能有一万起步的月薪，这里我们更关注数据和事实，评估这件事的可行度。

戴上绿色思考帽去写作，我们可以想象一下未来的生活状态。如果听从父母的话，回老家发展，你以后的人生会是什么样的？大概可以做到什么收入水平，和什么样的人结婚，过着什么样的生活？大胆放飞自己的想象力，预设一下你能想到的最好未来是什么。

戴上黄色思考帽去写作，我们可以往乐观、理想的方向去想象未来。比如我们有可能去到一个朝阳行业，做到年薪百万，会遇到各方面条件很理想的对象，身边都是你喜欢的人与事，你度过了相对平稳且满意的人生。

戴上黑色思考帽去写作，我们往一个不太理想的方向去考虑。留在老家发展，最坏的一种情况是什么？你的行业在小地方很难得到很好的发展，选择其他赛道也没有好的机遇，甚至也遇不到一个和你同频的人。你的工作和婚姻最终都无法令自己满意，你可能会对当初的选择产生后悔和怀疑的情绪。那么，做什么可以预防这样的事情发生呢？比如多学几门适合在

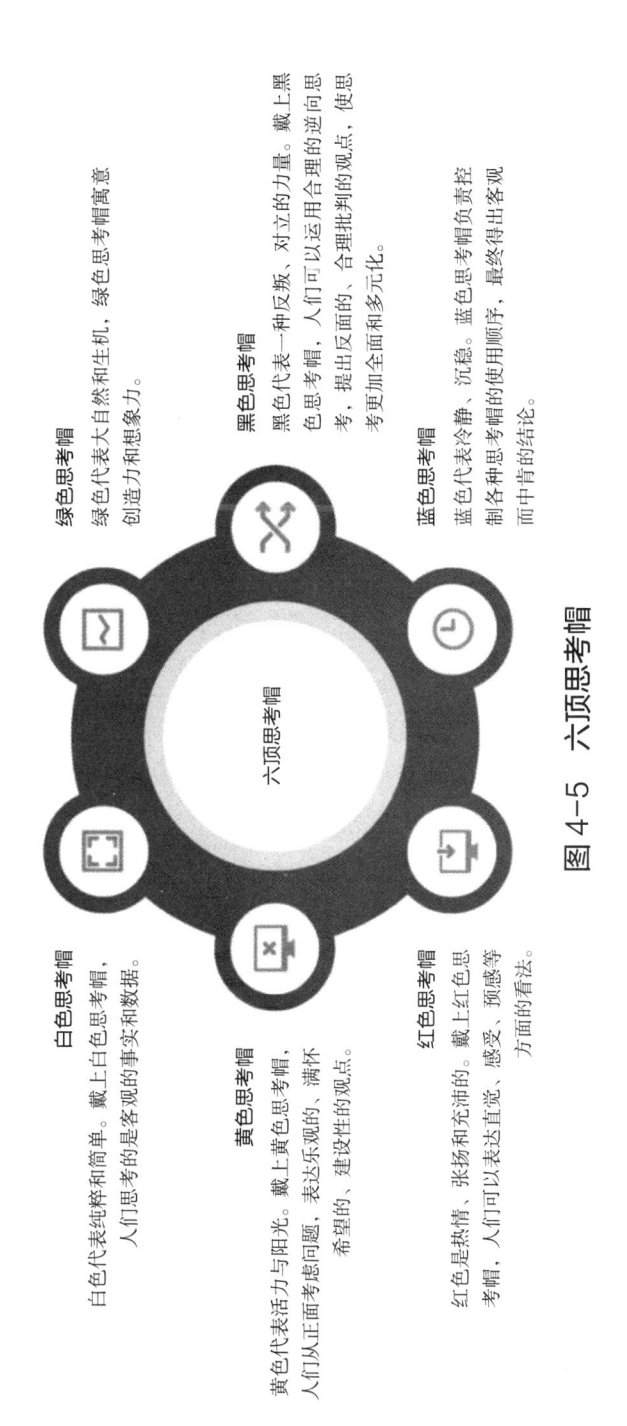

第 4 章 勤练习：从小白到高手，功夫要用在平时

绿色思考帽

绿色代表大自然和生机。戴上绿色思考帽寓意创造力和想象力。

黑色思考帽

黑色代表一种反叛、对立的力量。戴上黑色思考帽，人们可以运用合理的逆向思考，提出反面的、合理批判的观点，使思考更加全面和多元化。

蓝色思考帽

蓝色代表冷静、沉稳。蓝色思考帽负责控制各种思考帽的使用顺序，最终得出客观而中肯的结论。

白色思考帽

白色代表纯粹和简单。戴上白色思考帽，人们思考的是客观的事实和数据。

黄色思考帽

黄色代表活力与阳光。戴上黄色思考帽，人们从正面思考问题，表达乐观的、满怀希望的、建设性的观点。

红色思考帽

红色是热情、张扬和充沛的。戴上红色思考帽，人们可以表达直觉、感受、预感等方面的看法。

图 4-5 六顶思考帽

101

小城市发展的技能，加入一些跨界圈子，积极寻找机会和一些不错的异性朋友。

戴上红色思考帽去写作，我们可以大胆说出最直观的想法。比如你根本不想留在小城市发展，觉得这里相对闭塞，很难给自己带来发挥的空间，又或者你很喜欢小城市，这里生活节奏慢、人情味足，回到家就有爸妈做好饭菜，身边都是从小玩到大的朋友，这样的生活或许就是你想要的未来。

戴上蓝色思考帽去写作，则是总结上面的理性分析和内心真实的感受，做出最佳选择。把利好和弊端都想清楚了，写明白了，相信你就知道怎么选择了。

※ 4.2.3 看图训练法

有一次我在朋友的邀请下，参加了一次塔罗课堂。活动的规则是每个人抽一张牌，按照次序由老师解读牌面信息。其他人都按照活动规则等着老师的讲解，轮到我的时候，我自告奋勇想要自己读牌，老师微笑着朝我点点头表示支持。

我看到的牌是一个人站在中心，手里还拿着一把武器，周围的人都离他远远的，地面上的武器也是七零八落，看起来似乎经历了一场战斗，而这个人的站位比其他人更高一些，一个人的身影显得有些寂寥，因此我的解读是这个人代表了孤勇者，为了他想要的生活，他必须和周围的人进行抗争，甚至主动放弃一些关系，随后才能轻装上阵，奔向他心中的月亮与远方，然而他最终去到的那个高处是孤独的。不过那是他看清真相后主动做出的选择，因为他内心燃烧着一团火，就算最后只能冒出一缕烟，他也可以忍受着别人不理解的目光，承受一定的代价，去到他想去的那个地方和位置。

塔罗老师说，我的解读对了七八成，然后补充了一些建议。

从那之后，我发现看图解说是一种很好的写作练习。你可以根据观察到的事物展开天马行空的想象，同时加入各种细节和场景，把它编成一个完整的故事表达出来。长期坚持，这可以很好地提升我们的洞察力、想象力和表达能力。

如果你手头没有塔罗牌也没关系，你可以找一些图片去联想背后的故事，也可以找一些视频画面进行联想，然后把你刚刚想到的内容记录下来。那么，在描述方面怎么去练习表达呢？这里提供一个框架，如图4-6所示。

4.2.4 星球流浪法

星球流浪法源于我看完《小王子》一书，而产生的一种灵感。

小王子本来生活在一个小小的星球，那里有猴面包树和几座火山，小王子每天的工作就是给玫瑰浇水，帮她抓走身上的虫子，并且把星球打扫得一尘不染。直到和玫瑰产生了矛盾后，小王子离家出走了，他决定去别的星球看看。随后他在不同的星球遇到了不同的人，包括想把星星占为己有的商人，每天忙着点灯、关灯的守灯人，充满愧疚与悔恨的酒鬼，贪恋权力的国王，只想听到赞美的自恋先生，从不去旅行的地理学者……

随着小王子的脚步，他在不同的星球发生了不同的故事，也产生了各种思考和好奇。那么，假设你现在流浪到一个不知名的星球，你会在那里经历什么故事呢？你希望变成一个什么角色？你会遇到什么样的人？那个星球上面有什么东西，是一片沙漠还是一片绿洲？我们可以尽情地畅想着这一切，完全不受现实的约束，让思绪像一根羽毛一样，在半空中自由飞舞着，直到它在某个角落着陆。

当我一边敲打这些文字一边跟着内容展开想象时，我能想到的是，我来到了一个粉红色的星球，那里的一切都是粉红色的，房子是粉红的，树木是粉红的，天空是粉红的，田野是粉红的，我们穿的衣服是粉红的，吃的食物也都是粉红的，甚至我一说话，就冒出了粉红的泡泡。原来，我变成了一条金鱼，我身上的每一片鱼鳞都是粉红色的，我生活的水域也是粉红色的。我很想和你分享这些新奇的故事，但是我刚想开口，就已经忘了刚刚发生的事情，我差点忘了鱼的记忆只有七秒……

感受层

画面激发了你什么样的感受？是喜悦的还是恐惧的？是开心还是失落？

行动层

面对眼前的状况，如何做才能更好？有什么方法面对眼前的问题呢？

感官层

你看到什么，听到什么？这个图像是大是小、是圆是方，有着一个什么样的画面？……

联想层

你由此联想到什么？比如看到一个人蒙着眼睛，手里拿着兵器护在胸前，有人觉得他自己蒙住了眼睛，看不到人生的方向与希望了，有人觉得这象征他在情感方面把心房封闭了，不愿意再接受其他人。一千个观众，就有一千个想法。我们要做的只是把内心的想法诚实地表达出来。

图 4-6　看图训练法

104

4.2.5 作者对话法

当我们看完一本书,可以问自己:"假如作者就在你面前,你会问他什么问题呢?"比如:你为什么会写这部作品?有什么创作历程和心路?书中的人物有何原型?你对人物的理解是什么?某个模型或某个概念如何理解?你花了多少时间去完成这样一部作品?下一本书打算写什么?向作者提问的六种方法如图4-7所示。

提问一:
为什么会写这部作品?

提问二:
有什么创作历程和心路?

提问三:
书中的人物有何原型?你对人物的理解是什么?

提问四:
某个模型或某个概念如何理解?

提问五:
你花了多少时间去完成这样一部作品?

提问六:
下一本书打算写什么?

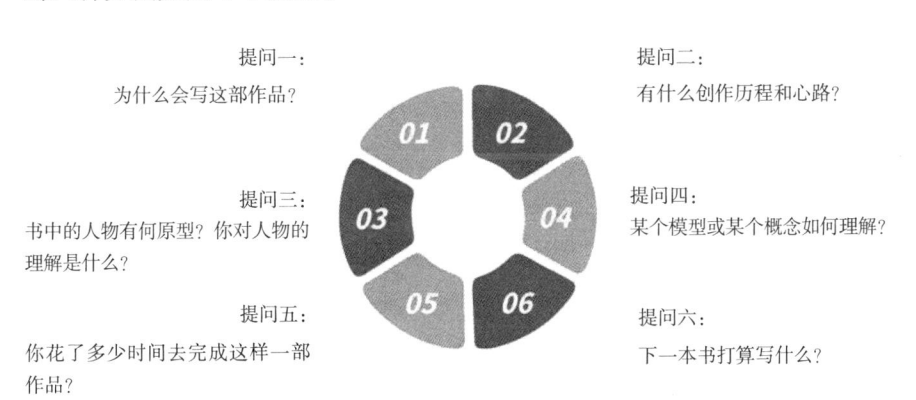

图4-7 与作者对话之提问六法

打开我们的好奇心,走进作者的内心,去挖掘与这本书有关的一切事物,也许这可以带给你更丰富的感受。而在互联网时代,与作者对话已经变成一件相对简单的事情,至少你看完这本书,有任何问题都能联系到我。

4.2.6 精英茶会法

我经常参加朋友之间的茶话交流会。参与人数为15~30人,成员来自各个行业,有自己开公司的设计师,有房地产投资人,有经营百货的收租人,有互联网达人,有艺术创作者,有财务从业者,有英语老师,有美容师或营养师……

我们会针对特定的主题,进行跨界交流。比如:人工智能的流行,会给你的行业带来什么挑战与机会,你是如何破局的?同时它又会带来什么新的机会?

每个参与讨论的人都有着不同的思考模式、不同的行业经验，可以有效打破单一思维的限制，使我们跳出常规的逻辑，去看到全新的视角。比如有个朋友谈到了一个关于社会发展的周期问题，我就非常认可，且受到了新的启发。如果没有经常与各种各样的人对同一话题展开讨论，我们对这个世界的想象力可能就到此为止，很难产生新的思考，只有我们每个人说出不同的观点与想法，汇集起来，才能产生从点到线，由线到面的质变。

这是一个交换的过程，是一个点燃的过程，也是一个互相赋能的过程。原本我们各自只有一个观点，但是经过讨论、碰撞、发散、延伸，我们每个人都有了至少十个不同的观点，而其他九个观点往往是我们一个人很难想象得到的。

— 4.3 —
心锚法：养成写作习惯，你只需要这3把黄金钥匙

很多作家都有自己独特的写作习惯。海明威喜欢单腿站着写作，有记者问他为什么这么做，海明威答道："这种姿势使我处于一种紧张状态，促使我尽可能简短地表达自己的思想。"老舍的写作习惯则更加考究，写作时他必须泡茶，早中晚喝上一壶，这时候，灵感就像活泉水一样绵绵不绝地涌现。

作家们都有自己独一无二的写作习惯，这些习惯或许在旁人看来难以理解，但是他们乐在其中。我们想要养成不错的写作习惯，不妨也试着培养一些固定的行为模式，它可以使我们更容易进入状态，提升我们的创作效率与水平。

※ 4.3.1 植入心锚，更容易养成写作习惯

无论是海明威的单脚写作，还是老舍写作时的一杯茶，其实起到的作

用都是相同的，那就是创造一个心锚。心锚是行为的开关，只要启动了它，人就很容易进入那个氛围里面，很自觉地进入状态，进行忘我的创作。

心锚是神经语言学里的一项心理技巧，又可以称为"联想法则"。它的原理在于只要我们完成了某个有仪式感的行为举止，就会和某个事情产生联结，因此我们很容易沉浸在那个状态当中。

比如我们闻到一款香水，可能就会想到身上有这股清香的人与事；看到一支羽毛球拍，可能就会想到你和朋友的打球时光；收到一束花，你可能会想起，之前谁经常送你花……这些都是心锚效应。某个物品和行为，会自然而然打开你的情绪与记忆开关，使你联想到相关的画面。说白了，心锚是唤醒习惯的有效手段，暗示我们某件事。因此，如果你很难坚持一件事，又想改变某个习惯，从而实现某个目标，便可以借助心锚的力量。

建立心锚的前提是在环境中加入诱因。比如在健身场景中，运动服装与器材就是诱因；在用餐场景中，漂亮的餐盘、喜爱的食物可以刺激我们的胃口，增加胃液的分泌；写作的场景中，安静的环境、轻柔的音乐、醇香的奶昔也可以成为诱因，带给我们一种美好而浪漫的感觉，从而使我们更愿意去做这件事。

可见，心锚对于我们养成一个习惯起到决定性的推动作用。如果我们无法做到很好的自律，那么便可以使用心锚的力量，使之成为一种必不可少的习惯，让自律不再痛苦，而是像喝水、吃饭、睡觉一样自然而然。为写作创造心锚，那么写作就不再是一种任务，一种需要刻苦的努力，反而是一件轻松而快乐的事情。

❋ 4.3.2 养成写作习惯，你需要做到这3点

想要养成写作习惯并不难，不需要你头悬梁、锥刺股，也不需要你24小时给自己加油打鸡血。努力可以是非常轻松的事情。

我的一个学员在一开始做小红书的时候，把这件事看得无比庄重，认为自己必须端端正正坐在电脑前，有大片的时间才能做好这件事。越是抱持这样的心态，她的精神越是紧张，这导致她觉得这样的任务沉重又令人

窒息。一开始她确实劲头十足,但没几天她就像皮球一样泄气了。

后来她决定换一种方式——找到自己舒服的状态与场景。比如,她喜欢花园,因此每个周五的下午,她都到家附近的一家花房咖啡馆写作。点上一杯拿铁咖啡,坐在阳光下,明亮的光线、清新的空气、醇香的饮料、修饰得当的花房,无一不使她身心愉悦,这时候她的写作就变得很顺畅,以前拧巴两小时的工作,现在往往半小时就搞定了,因为她的心态变了,她不再觉得这是一场非常庄重的仪式,而是一段与自己约会的闲暇时间。在这个空间、这段时光中,没有孩子,没有家务,没有世俗,只有她与自己的内心在对话。将这些对话表达出来,对她来说是毫不费力的。

其实只要找到适合自己的方式,写作就可以变成一种规律但又非常松弛的习惯。这个习惯不需要你非常刻意地培养,也不需要你花费太多时间,然而效果却出奇的好。

这里推荐一些小方法,可以帮你更好地养成写作习惯,提升写作效率与心力。

1. 固定的工具

正如健身需要服装、跑鞋与仪器一样,这些工具可以唤醒我们的动力,暗示我们开始行动,帮助我们更好地完成相应的任务。写作更是如此,我们可以使用一些固定的工具来培养我们的手感,比如我更喜欢用手机工作,而非电脑。找到自己更顺手的工具,可以帮我们有效节约时间,随时随地进入创作状态。

作家林语堂的写作习惯就有赖于工具带来的仪式感。他的书房中陈列着丰富的书籍、四处淘来的各种精巧玩意儿。写作的过程中,他的书桌上必定少不了花生米和牛肉干,写作告一段落,他便停下来慢慢品尝。写作对他来说是一件有滋有味的事情。

2. 固定的时间

固定的时间安排可以让我们形成规律的生物钟,到了特定的时间,我们很自然就会想去做某件事,一旦形成持久的习惯,一天不做反而觉得少了点什么。

因此我们可以安排一个固定的时间来写作,喜欢早起的朋友可以安排在晨间写作，习惯晚睡的朋友也可以安排在晚上写作。

3. 固定的场合

场合也是影响我们创作状态的重要部分。有人喜欢在咖啡馆创作，有人喜欢在办公室创作，也有人喜欢在高铁上构思写作，无论喜欢什么场合，只要我们自己感到舒服就好。

贾平凹先生的写作习惯就非常有代表性。他喜欢安静而不被打扰的环境，每次写作都是紧闭门窗，不让人打扰他，也不接电话，为的就是创作时保持高度的专注。作家巴金的写作习惯却相反。他喜欢靠窗的环境，写累了就望着远方的风景，看着来来往往的人群放空一下，外面的人声鼎沸丝毫不会影响到他。

每个人对环境的要求都是不尽相同的，有人喜欢到热闹的地方创作，社交与交谈可以给他带来身心放松的感觉；有人则喜欢安静而不被打扰的地方，一丁点声响都可能会打断他的思绪，分散他的注意力。对场合的要求是私人化的，我们只需要找一个自己喜欢、觉得舒适的固定场合，进行创作即可。

总的来说，我们想要养成规律的习惯，抓住三件事就够了：固定的工具、固定的时间、固定的场合。习惯不是靠偶然建立起来的，背后一定是有规律可循的心锚效应。

— 4.4 —
闭环器：6 种读书方法，轻松打造知识体系

最近我看到了一个很有意思的名词——绝望的文盲，说的是一些明星对剧本和角色缺乏理解，在采访中答非所问。其实在演艺圈之外，这样的现象在各个行业也屡见不鲜。

读书，不仅是为了提升我们的文化水平，更在于打造一个知识体系。未成体系的知识，就像一堆杂乱的生活用品，如果没有整理与归类，那么当你要用到的时候，费尽功夫都找不到身影；反之，如果你有了知识体系，就相当于将每个知识点都放到了相应的抽屉和盒子里，你可以随时随地

找到它的踪影。不仅如此，你能找到 A，还能找到它的同类物品 A1、A2、A3，最终你的整个知识系统形成了一张有序的网络，兼具深度和广度。

千万不要死读书。如果不去输出与解决问题，一年读 500 本书都是虚的。对于想要得心应手地解决生活中的问题，尤其是想要靠知识改变命运的人来说，这点格外重要。我有个读完本科的朋友，因为找工作一直不顺利，每天把"读书无用论"挂在嘴上。

我问他，你真的在学校有好好读书了吗？还是只是背了一堆知识，从来没有好好运用过？而且你会的东西那么多，摄影会一点，运营会一点，会计会一点，哪一项是真正做出成绩、拿得出手的，能输出一套知识体系吗？他被我问得哑口无言，脸色一阵青一阵红的。

学历高并不代表真正有文化。读了很多书，掌握了很多知识和技能，也不代表形成了自己的知识系统，这也是我们学了那么多东西，始终没办法化为己用的原因所在。

我曾经花了 5 年时间才打造起我在写作、社交和学习方面的一套体系化的方法和知识，这些都在我的生活中起到了如虎添翼的作用。有了这些系统化的知识，我写作非常快，能够把自己的观点准确无误地表达出来，也能把所有会的技能和知识迁移到一个点，全盘地改善自己的生活，而不是像大多数人一样，认为自己掌握了一点碎片知识，就能让人生产生质的飞跃了。本质上来说，大多数人是碎片信息的学习者，而不是知识系统的创建者。碎片信息的学习者可以简单输出观点，也能有一个看起来还算有文化的外表，但是大多数人拥有的水平，也只能让你过上大多数人的生活。后者却能自创方法和理论，成为意见领袖，影响一个行业乃至于一个时代。

4.4.1 专题读书法

很多人对我一年读 100 本书的经历感到好奇，经常跑来问我："读那么多书真的能消化吗？"我的答案是可以，但前提是不是毫无章法地读书，今天看一本历史书，明天读个经济学，后天来一本小说。想要读书记得住，少不了使用主题阅读法，让知识间发生链接从而强化记忆，比如我每个月会给自己定个主题，这个月专攻摄影类，下个月专攻文案类。以此类推，在特定的时间内，我会入手这个领域的高分好书，在集中的时间内一口气看完，对比这几本书的不同之处，然后把各种各样的知识和观点放到一个框架里，填充我对这个领域的认知空白。这个过程就像你在做家务整理，对不同的东西进行分类和归纳，归置到不同的空间和角落，这样整个房间看起来就是井井有条的，找东西也很方便。

其实读书也是需要做知识分类和整理的。当你进行一次主题阅读之后，书上的不同知识点就像不同的物件，我们把这些零散的内容归类到不同的知识盒子，就能形成一个有规律的系统。专题阅读是搭建起一个知识框架的最快方法。

比如你想学习摄影，但是对于构图、色彩和后期处理一无所知，这时候你就可以大量地阅读，最后将每本书告诉你的知识点做一个整理，那么你就掌握摄影所需的知识了。但是如果你的需求是学习摄影，可是一年下来读的内容都没有围绕这个专题，那么你的知识系统就很难搭建。你可能一年下来读了很多书，但是内容都没有什么关联。

❈ 4.4.2 作家读书法

有一次我在无意间看到了一本关于学习力方面的书籍，看完觉得内容很落地也很实用，于是我就在网上搜索了作者的资料，发现她还出版了其他好几本书，于是我就把她的书籍一次性打包入手了。一口气看完她的所有作品后我直呼过瘾。

如果你发现某个作者的书籍非常吸引你，可以尝试把他的全部作品都看一遍。这种顺藤摸瓜的阅读方式，不仅可以让我们很快找到感兴趣的书籍，也能把一个作者的智慧全盘吸收了。

❈ 4.4.3 功效读书法

很多人觉得，读书追求实用主义，这未免太功利了，其实不然，我们读书就是为了解决问题。比如我身边有一些朋友升级为妈妈了，在备孕阶段就会开始阅读各种育儿书籍，为迎接新生儿做好充分准备，到时候就不会手忙脚乱的。

记得我在打算入行自媒体时，也阅读了很多相关的书籍。这种方式非常简单高效，也帮助我省去了很多拜师学艺的费用，让我可以更轻松地入门一个新的行业。你认为这种阅读方式有任何不妥吗？

我认为正相反，这是一种很好的习惯。如果我们学会了主动去探索生活中各种各样的答案，通过知识来解决实际问题，其实说明了我们才是真正会阅读、会生活的人，知识才发挥了更深层的作用。要知道，阅读可不是为了把知识装进脑子里那么简单而已，而是要把它落地到生活当中，让知识变成我们的老师。

当你懂得了选择阅读的对象时，你已经成功了一半，但若你想要让读书发挥出更大的效用，还需要掌握正确的方法。以下这三个方法，是我读完了 500 本书，并且结合一些书籍悟到的，如果你能把它们运用到阅读当中，那么你将成为一位阅读高手，不但读得又快又好，还能建立扎实的知识系统。

4.4.4 针线读书法

不知道你有没有做过针线活？当我们的针线穿过一件物体时，就能够把原来分离的东西重新缝合到一起，经过缝缝补补，物体就重现了原来的样子。

针线读书法的精髓就在这里了。两个原来没联系的东西，通过我们的联想和整合被加工到一起，就可以产生奇妙的联系。知识系统就是在这个过程中逐渐建立起来的。

举个例子，我在一本书中看到一个新的观点："未来十年，氛围感经济会强势出圈。"当时看到这个观点，我就联想到生活中一些常见的现象，比如近几年火起来的围炉煮茶、烛光音乐会三重奏、各种主题的画展。这些都是氛围感经济的产物，消费者除了关注其实用价值，更注重它带来的精神享受。

联想的过程中,我把一些案例和想法都连接起来了,形成了一个知识网络。这是不是很像我们做针线活的样子?通过穿针引线,原本没关系的两样事物关联起来,产生了新的碰撞。

在读书的过程中,我们不是要把书本的内容背下来,更重要的还是通过书本的启发,形成我们新的思考,把相关的案例、感想和观点牵引出来,从一变成二,从二变成五,从五变成十地叠加,支撑起知识框架的脉络。你平时是这么做的,还是只知道把整本书都抄下来呢?这不是读书,这是抄书,二者天差地别。我们读书不是为了装进别人的思想,而是通过别人的书本孵化出自己的思想,从而有一天能够写出自己的东西。

❋ 4.4.5 剪刀读书法

之前我在朋友圈看到一位朋友带着双胞胎孩子去剪蘑菇,提升孩子的动手能力和创造能力,结果朋友的这对孩子迷上了这个过程,把一整袋蘑菇剪得满地都是。其实我们读书消化的过程,就像剪蘑菇,把一个大颗的蘑菇一点点剪开,才能更好地烹煮,也能更好地咬碎和消化。

当我们看完一本书之后,其实就可以通过三点式输出法,对这本书进行一次"剪碎"。你可以选择最有感触的三点来展开细说,也可以定一个主题,分为三步提供方法论。比如我看完了一本关于文案写作的书籍,我可以写一篇《如何提升你的文笔》,分为三个步骤来完成这篇文章。

很多人看完书却写不出东西,原因就在于贪多嚼不烂,总是希望把整本书背下来,任何一点都不能错过。但其实,任何一本书,只要有一个点打动了我们,已经足够了,当你什么都想要的时候,最后往往什么都做不好。

❋ 4.4.6 锤子读书法

大家应该都用过锤子,当我们聚焦于一个目标,重重砸下,就能把钉子牢牢打紧，但是如果我们没有瞄准，东锤一下、西锤一下，可能半天都很难把钉子打牢固。读书的道理也是如此，盯准了一个点，狠狠地对其进行夯实，就能有效地加强你的薄弱环节。带着目标和问题去阅读的背后也是同样的道理。

比如很多新手不知道怎么取标题，那么你就可以针对这方面进行深度学习，稳准狠地提升这个写作短板。对于自己特别搞不懂的地方，也可以多读几遍，放慢节奏，细细品味。

— 4.5 —
生产力：会玩就会写作，玩商是最大的写作生产力

在百度百科中，玩商指的是人们休闲、生活、玩乐能力的指数，是一个人玩乐方面能力的反映。玩商直接提升你对自我生活的控制力，提升个人价值，使你的人生更健康、更快乐，让你工作时间和非工作时间的生活方式更多样化。

从小到大，我们都被灌输一种观念，玩是不对的，玩是浪费生命，但是今天我想告诉你，一个会玩的人，会具备更强的创造力和更多元的思维，甚至很多创作都是在玩的过程中诞生的。

※ 4.5.1 会写作的人，都有很高的玩商

著名广告人、女作家李欣频曾经在旅行途中花掉了一百万，结果她又把旅行的见闻记录下来，写成专栏，一转身就把花出去的一百万赚了回来。畅销小说作家马伯庸也是一个"会玩"的人。有一次他在路上经过一条河，一查地图，他发现这是十年前建造的，和左宗棠有密切关系。于是他就像发现新大陆一样，当即饶有兴趣地研究起来，就好像这里面藏着一个宝藏。这些发现与见闻也常常被他写进书里，成为他独一无二的灵感源泉。

我的很多写作灵感也发掘于生活。比如我去看一个扇画展，才发现扇子和画画结合起来是那么有趣，这种组合式的碰撞，给我的写作带来了新

的启发。每次约见各行业的大牛，各种对话也让我打开了全新的思维，我经常把我采访得到的大咖思维和行业经验分享给读者。每次去看电影，我也会学习拍摄的构图、色彩使用，学习怎么去更艺术地展现人物心理，从而运用在我的工作拍摄、影评写作中。这些玩儿的过程，看起来没干一丁点正经事，但无时无刻不是在积攒素材和灵感，也是在提升我们的思考模式和效率，所以，千万不要小看一个会玩的人。

4.5.2 如何把玩变成写作生产力

会玩的人，很容易迸发创作的灵感火花，也有取之不尽的生活素材可以创作。会玩的人就像哆啦A梦，他们拥有一个百宝袋，可以随时拿出很多宝物。那么，我们想要掌握这种能力是不是很难呢？并不是，只要学会三步，你也可以在玩的过程中收集到很多灵感，提升自己的创作质量和效率。

1. 多记录

我们每天都会经历各种各样的事情，如果不记录下来，那么大部分内容会随风而逝。没有记录，就没有发生。因此我们想要从生活取材，用于创作，就要学会把"玩儿"的事情记录下来。可以是文字记录，把今天发生的事情、相关的人物和感受捋一遍；也可以用图像去记录，把当时的一些场景拍摄下来，为日后的回忆提供一些有效的线索。我之前就把自己的穿搭和摄影日常记录下来，发在平台上面，没想到也获得了不少朋友的关注。如果你只是在经历，却没有记录和分享，带来的收获肯定也是不多的。

2. 多思考

就拿《去有风的地方》这部剧来说吧，许红豆因为好友离世，悲伤之下的她辞去北京的白领工作，只身一人来到云南小镇生活。在这里她遇到回乡创业的男主角，两人在这个童话小镇展开一段美好又虐心的爱情故事。这部剧让云南成为旅客出行的首选，甚至有网友评论："中国人一半都在云南旅行。"

很多人喜欢这部剧带来的治愈感，每天下班追上几集，就觉得一天的疲惫感都消失了。小镇的田园风光，许红豆身上那种慢下来的生活节奏，让观众觉得自己也置身在那样的神仙日子里。

在追剧的过程中，我会从作者的视角去思考，这部网红剧到底是怎么出圈的，分析之后，我发现可以写的话题太多了，比如《从网红剧学到的3个爆款故事思路》《许红豆火了，她的白开水穿搭到底圈粉在哪》《许红豆身上的高级松弛感，你值得拥有同款》。除了写作，我身边的装修设计师从这部剧学习色彩搭配和设计组合，也有摄影师朋友从中学习构图和治愈系色调。

总而言之，当你用心去生活的时候，哪怕是娱乐的时光，你的收获也是满满当当的。所以，谁说娱乐就是浪费时间呢？只要你勤思考、多观察，娱乐时间也是在开彩蛋。

3. 多输出

想要把玩的时间转化为有价值的时间，关键一步被很多人忽视了，那就是输出。你可能平时也喜欢记录和思考，但是不会把它分享出来，充其量只是自我取悦，但是我们想要真正把玩乐时间"变废为宝"，就要走出去分享。因为没有分享，就没有链接，没有链接，你就很难收获别人的认可与赞赏，也不会有什么机会主动来找你。我有个小红书学员是一位二孩妈妈，她当时要做账号的时候一直摇摆不定，认为自己是传统行业，和互联网笔杆子搭不着边，又觉得自己的内容不是小红书用户需要的，加上当妈后她的自由时间很少，一直无法下定决心去做这件事。

在我的鼓励之下，她发了第一条笔记，没想到48小时内斩获20万的阅读量。此后她有时间就把自己的育儿和读书会活动发布出来，没想到还真的给她带来了不小的回报。她的每条笔记都给她带来了读书会的客户，还有其他活动的主理人和工厂主动找她合作。

一下子，她的副业就像开挂一样。其实她的才华和能力一直在线，但是之前没有一个平台把她的才华推广出去，让她被更多人看到，导致她的机会很少。这不，把小红书做起来之后，她的信心大增，尝到甜头后，她也认可了互联网的价值，也开始觉得自己比想象的更厉害。一个要带两个孩子的妈妈，一样可以做成很多事情。

在互联网时代，这样的案例太多了。有分享自己在全国各地旅行的旅行达人，一经分享就变成了网络红人，各种合作不断；有分享自己日常带娃的，吸引了大批的宝妈关注；有分享自己每天做饭和周末出行的深漂一族，因此受到了很多粉丝的喜爱；有分享自己下班后弹吉他唱歌的视频博主，粉丝也在不断增长中。

我们生活在一个最好的时代，这个时代，人人皆平等，人人可发声，不管你是一个全职育儿的宝妈，一个学校和家里两点一线的在读学生，还是一个朝九晚五的上班族，抑或是一个日常给员工打工的初创老板，都能通过分享和输出，在这个时代找到自己的位置，也找到一条让自己发光发亮的道路。

— 4.6 —
撬动点：爆文拆解，拆1篇胜读10本写作书

拆解思维是写作路上的一个重磅武器。如果你想要写出爆款文案，首先要知道它长什么样子，很多人只知道爆款文案的阅读量非常吸睛，但很少想过背后的逻辑与原理，自然不可能抓住精髓，取长补短来打造自己的爆款作品。

正如《教父》里说的那句经典台词："花一秒钟看清事物本质的人，和花了一辈子都看不清本质的人，注定是截然不同的命运。"

※ 4.6.1 写作不能埋头赶路，还要抬头看天

相信每个朋友都非常渴望打造出自己的爆款作品，这不但可以证明自己的写作能力，也能给自己带来更多的正反馈，但是现实总是与梦想背道而驰，很多时候我们越希望干成一件事，反而越容易尝到失败的滋味，这是因为我们很多时候只有梦想，却忽视了方法与技巧，因此越努力，与我们的目标就越远了。

写作不能只是埋头赶路，还要抬头看天。这句话是什么意思呢？听个

我的故事你就明白了。

我有段时间非常渴望写出爆款文案，把阅读量10万+当成自己的目标，但是我发现我越是努力，越是得不到自己想要的结果，写了很多文章都没有斩获10万+，于是我决定停下来思考原因，找到破解之法。没多久我真的写出了第一个10万+，而且那篇文章还给我投稿的平台带来了4位数的收益。那我到底做了什么呢？拆解爆款文案！

那阵子，我找来了我喜欢的10篇文章，从不同角度和层次去分析它们的架构，推敲和揣摩作者的遣词造句，总结这些文章被读者所喜爱的原因。于是我很快发现了爆款文案的底层逻辑，并且把我总结的方法运用到写作上面，很快我的文章点击量就像开挂一样噌噌往上涨。

很多时候我们都急着赶路，却没有好好反思一路的经历，没有对照过自己的方向是不是与初衷相契合。脚下的路很重要，但是拒绝闭门造车更重要，我们只有打开自己，不断去向外探寻答案，才能在和世界的交手过程中，不断发现新的契机。

4.6.2 如何拆解爆款文

拆解爆文，是我们写出爆款文案的关键步骤之一。如果你现在说不出爆文都有什么特点，通常是什么结构，有什么类型的标题，它们触动读者的原因是什么，那么你确实很难写出爆款文案，因为我们只有把底层的东西理解透了，才能在这个基础上实现内容的千变万化。

值得一提的是，拆解爆文并不是走马观花式地阅读文章，也不是把通篇都背下来，而是分析作者是如何立意的，内容的结构布局是什么，这些案例分别有什么样，我可以从这个内容学到什么写作思路，这些才是拆解的关键。看了不代表你会了，中间有个不能省去的步骤，那就是老老实实对一篇文章进行全方位的拆解。

本节我们具体讲一下，到底应该如何去拆解爆文。

1. 拆标题

拆解是从标题开始的，因为标题统领着全篇文章的主旨，又是吸引读者的钩子，起到非常关键的加分作用。我们要养成一种思维，看到一篇爆款文案，先去分析标题采用了什么样的取名手法，有哪些字眼特别吸睛，如何运用到自己的写作当中……

2. 拆金句

当你读完一篇文章，脑子里记住的那句话往往就是金句，比如"不要因为走得太远，就忘了我们为什么出发。""保持身体健康的唯一办法，就是吃点你不想吃的，喝点你不想喝的，以及做点你不愿做的事情。"这些句子都有一种令人过目不忘的魅力，给我们一种美的精神享受，让我们愿意转发到朋友圈，与周围的人进行分享。

一个漂亮的金句，就像在黑夜里的一颗夜明珠，足够让整篇文章流光溢彩，实现内容的自传播。看到那些打动人的金句，不妨把它们记录下来，拆解它们好在哪，又该如何仿写出自己的风格。

3. 拆案例

有几个案例，文章读起来才有趣味性，不会通篇充斥着大道理和观点，使人产生疲惫之感。爆款文案的案例，无论是取材，还是表达方式，都值得我们推敲。它们看起来似乎是随意组合的，但其实每一个案例都是作者精心设计的。没有一个爆款是妙手偶得，更多的是洞察市场之后，对素材合理运用，对内容精妙安排而产生的结果。

比如，很多爆款作品的案例，描述手法都不是平铺直叙，按照时间顺序的逻辑线去展开，而是一开头就会直接抛出一个悬念，引起读者的好奇心，让人像滑滑梯一样忍不住看下去，直到看完整篇文章为止。一个普通的故事，倘若我们用了出其不意的描述方法，就可以化腐朽为神奇。

4. 拆观点结构

每一篇文章都有一个主要的论点，为了让这个观点变得有说服力，很多作者会提出更多分论点来支撑。比如，为了论证一个人能力非常强，你可以分别论证他在管理、沟通、执行方面的出众能力来证明你的观点，从而使人信服。如果我们经常去拆解爆款文案的表达逻辑，了解它的观点是怎么层层递进，又是如何相互联系的，那么我们的写作逻辑性就会大大提升，就能知道怎么去做好内容的布局，才能让结构变得更紧密与自然。

当我们做完这四步拆解，一篇文章的精髓就已经被我们彻底掌握了。我们一起来拆解一篇标题为《旗袍女人》的文章，这是笔者在江苏前十、月发售40万的杂志期刊的上稿文章。

说到旗袍，我第一个想到的便是上海女人，那年去上海逛豫园，走在路上便看到好多穿着旗袍成群结队来旅行的时尚奶奶，她们手拿着小巧轻便的包包，耳朵戴着一对圆润饱满的珍珠，涂着张扬的口红，脚上踩着高跟鞋，像一朵大丽花绽放在阳光下，把旗袍的风情诠释得淋漓尽致。

我先后穿过两次旗袍，第一次是为了去荷花园赏荷，炎炎夏日，我穿了一件白色打底的露肩旗袍，立领把人衬得端庄典雅，裙子上点缀着淡绿色的花纹，使得裙子看起来简约而不简单，穿着这件淡绿色的裙子，漫步在荷花池里，就像给荷园带来了一股清凉的微风，注入了一丝清爽与静谧。

平时走路大大咧咧的我，因为穿着修身的旗袍，只能提着裙摆，一路迈着小小的步伐，言行举止不由得也变得淑女和温柔起来。

难怪旗袍是女人的另一个名字，那修身的做工，得体的剪裁，都在提醒着我们时时刻刻审视自身的言行举止，不可过分张扬与高调，能穿好旗袍的女人，必然是一个修心养性、落落大方、清新脱俗的女人。

第二次穿旗袍，已经是一年后的事情了，那天我穿着这条裙子，漫步在端午节的非遗市集里，收获了不少回头率和注目礼。旗袍总是那么引人注目，没有一点自信真的很难驾驭。在市集上，我挑了一把圆扇，配合摄影师不时地摆出优雅的姿势，有时候把扇子举在头上，抬起头来，眼神看向天空，有时候把扇子压在胸前，做出款款前行的姿势，有时候把扇子放在身后，只给摄影师留下一个端正的背影。

这组照片放在东方美学的园子里，自是相得益彰，浑然天成，我惊讶于自己能够在镜头面前，旁若无人地做出一系列的动作，原来我已经不是那个内向自卑的小女孩，可以落落大方地行走在阳光下，不再畏惧别人的目光，也不在乎我的身材是否前凸后翘，只是以自然舒展的状态，出现在镜头面前，记录这一刻的本真与美好。

穿旗袍的最高境界，莫过于你忘了自己穿旗袍这件事，没有扭扭捏捏，没有装腔作势，你仿佛只是在穿一件寻常的衣服，因为你已经懂得发自内心热爱自己，肯定自己，不会再穿上那些不合身或者让你不自信的服装，只有人的能量能撑起衣服的时候，才能赋予服装自成一派的腔调与态度。

能把旗袍穿出味道的女人，一定是一个自信自强，发自内心欣赏自己的女人。

把旗袍穿好，并不是一件易事，除了身材线条，内在的涵养与阅历也是必不可少的，只有内外兼修的人，才能真正传递出旗袍的风情与魅力。

在现实当中，我只见过一位老师能穿出这份气质，她是一位"80后"，从事制香行业已有五年，每次见到她，她都是一身素净的旗袍，不知道是个人爱好还是职业需要，不管是哪一种，她都能让人感受到旗袍的美感。

有一次我在民俗市集的活动中遇到她，她正在给客人表演制作香囊，只见她端坐在席间，双手灵活地穿梭在各种药材与花瓣中，一举一动宛如行云流水，一气呵成，吸引了不少路人的目光。

这时候的她，穿着白色的旗袍，不仅仅是外表上的清新俊秀，更有一股书香气呼之欲出。把旗袍穿得美轮美奂，和她的高颜值自然是分不开的，但是更重要的是，她背后的人生阅历支撑起这份气质。

这位老师创业十年，一路经历了不少坎坷辛苦，经历过企业裁员潮，也拿过行业大奖，经历过一无所有从头再来的转型，也经历过被媒体提名的高光时刻，她的人生不是一帆风顺的坦途，而是有高峰也有低谷，但是她从来不和别人抱怨半个字，浑身上下散发着满满的正能量。

能把旗袍穿好的女人，一定是一个经过岁月雕琢，拥有厚重经历与沉淀，精神世界相对丰富的女人。

旗袍女人，不会受限于年龄，也不会拘泥于性别，她们敢于尝试，自信优雅，永远知道自己是谁，应该做什么，要往哪里去，于无涯的时间里，她们一路捧过玫瑰，亦踩过荆棘，却依然步履不停。

我的拆解如图4-8所示。

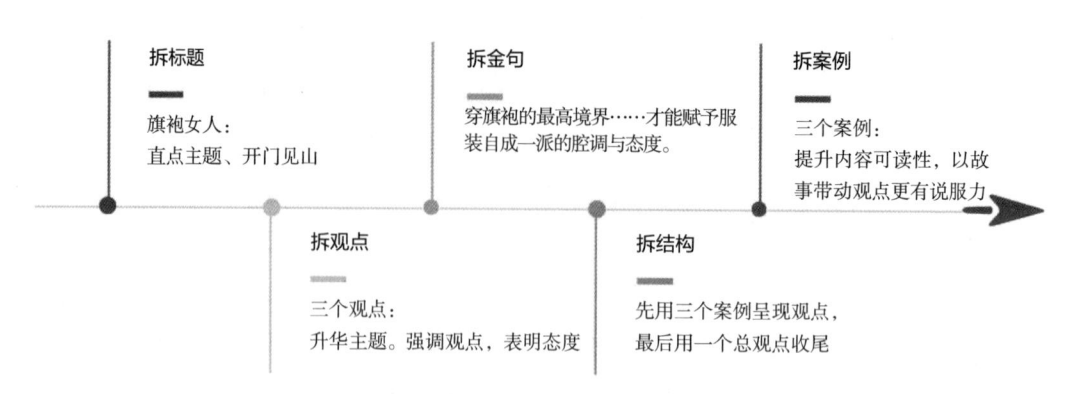

```
拆标题                    拆金句                           拆案例
旗袍女人:               穿旗袍的最高境界……才能赋予服      三个案例:
直点主题、开门见山      装自成一派的腔调与态度。         提升内容可读性,以故
                                                         事带动观点更有说服力

        拆观点                    拆结构
        三个观点:                 先用三个案例呈现观点,
        升华主题。强调观点,表明态度   最后用一个总观点收尾
```

图 4-8　文章拆解

— 4.7 —
降落伞：写作瓶颈期，5 个方法帮你轻松度过

有一天，我兴致勃勃地打开电脑，准备写点什么，却忽然发现，我坐在电脑前很久了，喝了一杯茶，旁边的熏香也燃了一大半，还是什么都写不出来，脑袋完全空白。勉强输出了一些文字，又觉得不是我要的，忽然就很烦躁，周围的任何声响都让我觉得静不下心来。我看着外面的阳光，心想大事不妙，我一定是遭遇传说中的瓶颈期了。

我想你一定经历过这个阶段，以前总是能轻松完成一篇文章，现在呢，坐在电脑前，脑袋空空如也，一个字也敲不出来，或者写到一半就卡住了，我们把这种停滞不前的状态称为写作的瓶颈期。

这时候你的心情一定很郁闷，还伴随着一点自我怀疑：我是不是真的不适合写作呢？我的写作之路是不是就此告终了？

先别急着下定义，哪怕是著名作家也遭遇过这种情况，但是他们只把它当成一次放假或者调整的机会，并没有太过在意，等到状态回来了，就又重新投入积极的创作当中。

✻ 4.7.1 每个写作者都会经历瓶颈期

"成为一名职业作家是一项不小的挑战,而写作者真正的瓶颈期只有我们自己知道。遇到瓶颈不是说你写得不好,而是你忽然对写作这个事情感到厌倦,觉得我写也不是,不写也不是,这才是真正的瓶颈期。"

作家王安忆的这段话把瓶颈期的状态描述得太贴切了。许多人想当然地认为,写作瓶颈期是新手才会遭遇的事情,伟大的作家们一定不会经历这个过程,恰如我们总是觉得那些幸福的婚姻未曾经历波折,而事实上,幸福的婚姻源于幸运而非命运。写作也是这样,即使是最高产的作家也会面临瓶颈期的折磨,但学会用正确的方式去迎接写作难产的瞬间,反而可以帮助我们打开新的世界。那时候,你就相当于拥有了一个降落伞,不管脚底下是森林、湖泊还是悬崖,不管周围吹来一阵寒风还是下起暴雨,悬在半空的你都能平稳地降落到地面上。越过山丘,你会抵达另一个创作高峰。

✻ 4.7.2 为什么会产生瓶颈期

为什么瓶颈期是每个创作者都必须经历的呢?为什么它可以这么肆无忌惮地折磨着我们的神经?原因不外乎这三点:

对生活缺乏感受和观察。同样一件事,有人可以写出滔滔不绝的几千字来,有人就是半个字吐不出。前者对生活充满了观察和思考,后者对生活也许是麻木的。比如同样去了一个海洋馆,有人可以观察到游客都是什么样,大概来了多少人,亲子互动是什么样的,今天发生了什么特别的插曲,心情和感受又如何,但还有人对此是麻木不仁的,更有甚者,人在现场,但是每时每刻都在看手机,根本没有沉浸到这个环境里,更别说能观察到什么,体会到什么了。

没有阅读习惯,每天都在接收同质化信息。很多人的信息来源只有手机,天天刷着差不多的视频和文章,吸收着各种碎片化知识,时间长了,很容易陷入单一思维和信息茧房。你会发现,你看到的、听到的,都是你喜欢的、你认可的内容，那些不同的、多元的观点和内容，在智能推送的干预下，你已经很难看到了。你生活的世界，不过是一个思维固化和认知无法升级的世界。就像电影《楚门的世界》，主人公生活的世界是被操控的，被安排好的，无论怎么挣扎都逃不出这个剧本。而阅读是随机的、系统的、多元的、主动探索的，你的选择非常多，你也不知道哪个观点突然就像一个拳头一样把你打得两眼冒金星，让你忍不住去思考，忍不住去探索，忍不住深深震撼，这世界还有这样一类人、这样一种观点和这样一件事物。

完美心态在作祟。很多人做事总是希望尽善尽美，写文章就必须达到100分水平，不能一气呵成地写完一篇文章就是不行。他们对自己充满了各种质疑和批判，这种情况也会阻碍他们写作，延长瓶颈期的时间。他们就像一只背了厚厚壳子的蜗牛，活得非常辛苦和憋屈。当你无所谓自己是不是赢家，无所谓结果的时候，反而能更容易、轻松地大获全胜。

※ 4.7.3 5个方法，帮助你顺利度过瓶颈期

每个瓶颈期，既是挑战，也是机遇，一旦迈过去，必将在写作上更进一步。本节我们来介绍一下，遇到瓶颈期的时候，如何安然度过。

1. 保持平常心

当卡文出现时，那种感觉确实让人窒息，还会带来一系列心理负担。然而，我们千万不要慌张，也不要怀疑自己的能力，要把它当成一个很正常的事情。

青年作家桐华曾斩获2018年"中国好书"大奖，分享获奖感受与经历时，她一度坦言，写作时曾经卡壳到写不下去了。即便是写作获奖的作家，也常常面临这种情况，更何况身为普通人的我们呢？

先把心态摆好，切忌心浮气躁，否则，不仅解决不了问题，还容易打击信心，这样对写作是百害无一利的。任何过不了的写作难关，都是因为心理打了败仗。真正强大的人都有一颗平常心。

2. 列大纲

写到一半写不下去，这是很多写作者经常会遇到的情况。根源就在于

写作之前，没有在大脑里构思好整个大纲，急于下笔。思路阻塞，写作自然就难以为继。

这个问题的解决方法就是，先把你脑海中的想法具象化，也就是列大纲。把你整个构思的框架描绘出来，包括每一段要写什么主题，通过什么案例来说明，有什么金句可以使用，等等。确保自己的思路非常清晰了，再动笔写，写作才能得心应手。

例如，我向卡娃微卡投稿的文章《珍惜那个和你吵架的人》，并不是随手写的，而是先列出框架再进行创作的。

第一段小标题是，不跟你吵架的人，走不到最后。

举了表妹跟男朋友从不吵架，但积压的情绪反而成为压死感情的最后一根稻草的故事。

第二段小标题是，好的感情，经得起吵架。

举了朋友跟老公吵完架，感情更好的例子，得出吵架能够升华感情，发现相处中的问题这个论点。当然，前提是不要冷暴力和说伤人的话。

第三段小标题是，不跟你吵架的人，不爱你。

举了傅恒跟尔晴从不吵架，傅恒对她一直冷冰冰，都懒得对她发脾气的案例，说明不跟你吵架的人，根本不爱你，因为你完全影响不了他的心情。

最后一段，升华主题，强化观点。珍惜那个和你吵架的人。

这样的大纲列出来，有理有据，层次分明，思路也非常清晰，再来动笔就能一气呵成。

大家写文章之前，也要先列个大纲，防止写到一半思路断了。

3. 放下完美心理

经常听到很多写作新人说，很想写作，但很害怕自己写不好，也不太敢把自己的作品公开发表，跨不出这一步，这导致他们一直做不出成绩。

这一切源于他们过于追求完美，害怕自己写不好，没有给自己尝试和改进的机会。

写作不应该抱着追求完美的想法。要知道，即便是海明威这样的作家，也形容自己的初稿是一堆臭狗屎。鲁迅也说，好文章不是写出来的，而是改出来的。可见，没有人天生就会写作。任何好文章都是一件艺术品，需要千万遍地精雕细琢，才能打磨出光彩熠熠的样子。

我们应该把脑海中的想法表达出来，一个字接一个字地写下去，直到完成为止。不要担心写不好，也不要考虑质量，敢想敢做本身就是一种成功。而初稿完成后，还要再放上一段时间，等热情消退了，客观地审视自己的文章，再着手修改，这样才可能写出符合理想的作品。

只有通过这样的反复练习，我们的写作水平才可能精进，日积月累才能下笔如有神。

4. 增加输入

当卡文出现时，很大程度上，说明我们的输入已经跟不上输出了。这时候，我们不妨停下来学习充电。可以跟身边比较优秀的朋友交流想法，也可以找个喜欢的城市走走看看，体验生活，或者读一些见解深刻的作品换换脑子。美国普利策文学奖获得者简·斯迈利说："如果感到沮丧，我会先去分散一下注意力。去吃东西，打开一罐可乐，或者出去转转。之后再细想脑中构思的内容，灵感就来了。"

我曾经读过一篇关于如何学习乐器的文章，里面提到：如果你周五一整天的练习都没有效果，不如走开去做些别的事情。当你周六再演奏时，会发现变得更好了。这不仅仅是因为你的练习，更因为你从练习中抽离的行为。我坚信这种抽离对写作也有帮助。通过短暂的抽离，我们的思路会更加开阔，原本堵塞的思维，可能一下子就顺畅了。

之前我在遇到写作瓶颈时，就让自己休息几天。这段时间一个字也不写，全身心投入书海中，孜孜不倦地汲取书中的精华。通过一段时间的多维输入，我好像被打通任督二脉一般，灵感源源不断地钻进我的脑海中。

此外，还可以利用输入的这段时间，给之前的写作做一次复盘，看看有没有值得完善的，不断总结经验，为接下来的写作铺路。可谓一举两得。

5. 跳过这一段

《冰与火之歌》的作者说："这是我写过的最难写的书，我已经写了三分之二，但每当碰到瓶颈我会先跳过去。我可能差不多写完了整本书，但落下了某一章，然后我再去补写。"

读书的时候，我们往往会先看自己感兴趣的部分，再回过头把整本书从头到尾地看完。这样做并不影响我们对全书的理解和吸收。

考试的时候，老师也会告诉我们，遇到不会的题目，先跳过，把后面会的先做了，最后再来看之前这道题。或许换个时间，这道题的答案就会了然于心。写作也是如此。当你遇到写作瓶颈，不妨先绕过这一段，先把后面的情节和结尾写完，再来填充中间的血肉，这样也能很连贯地完成作品的编写。

— 4.8 —
故事力：3个技巧，让你的故事更有感染力和冲击力

《故事经济学》的作者之一、编剧教练罗佰特·麦基说过：故事天生有吸引并抓住受众注意力的独特能力。也就是说故事天生有吸引力，一个好的故事，本身就价值连城。

朋友圈里有个1995年的女生，因为在公众号讲她和初恋分开5年又复合结婚的故事，获得了钻石品牌的投资，成为婚戒代言人，还收到了百万杂志社的采访。

还有另一位女孩，她在二十出头时装修了一套复古风的房子。有一次，作为房东的她亲自接待了一对房客，为他们讲述了房间里每一件物品的故事和设计理念。本来以为这只是一段稀松平常的插曲，没想到，有一天她突然因此挣了20万元。那对房客邀请她去云南帮他们设计别墅，然后由其他人施工，这是给她的设计费。

在我身上发生的事情则是，我在实习期间曾入职大厂。事实上，我学历不算出色，专业也不对口，那场面试只给20分钟，我讲了我对写作的热爱故事。

由此可见，故事有多么强大的魅力，它可以让一对普通男女的爱情故事值得歌颂，它可以让房间里一件平平无奇的物品，多了一丝古老与历史的韵味，它可以让一个条件不算出色的面试者，从一众的求职者中脱颖而出，让人过目不忘。

一个好的故事，往往更加打动人心，能够引起读者的情感共鸣，让他们更加认可你的观点和价值观。就像我的一个学员说的那样，每次他讲了一堆观点与道理，很多人觉得挺对，但是点完赞就走了，但每次他分享故事的时候，很多人给他留言："这种事我也经历过""太有感触了""被你的故事打动了，我要关注你"。他发现干货看的人多，收藏和点赞也多，但是关注你的人很少，反之，故事的圈粉效果更加突出。

故事我们人人都会说，要说好却不是一件容易的事情。今天我们就来了解如何写出让人过目不忘，且听完就能圈粉的故事。

※ 4.8.1 为什么你的故事像白开水一样平淡

不知道你有没有发现，有些人写的故事让我们百读不厌，有些人讲的故事却让我们哈欠连天，因为后者讲的故事就像白开水一样平淡。即使是同一个故事，从不同人嘴里讲出来也能创造不同的效果，这就是会不会讲故事的区别。一般来说，故事平淡是因为踩了这几个雷区：

1. 故事没有反转

我们为什么爱看电视剧呢？因为它充满了各种各样的挫折和意外，比如男女主角因为误会分手了，掉下悬崖失忆了，恋人竟是失散多年的亲兄妹或者双方家族有世仇……这些剧情虽然老套，但就是很多观众愿意买单，因为有反转的剧情才能激起我们心里的波澜，让我们久久不能忘怀。如果一部剧一眼就能知道结尾，那对观众来说也没有看下去的必要了。

举个例子，有一天我看了一部电影《丘奇先生》，女主角在丘疴先生的家里发现了同性恋酒吧的火柴，而丘奇先生的行踪非常神秘，女主角对他的经历一无所知，因此误以为他是一个同性恋。她把这个秘密藏在心底，从来没有追问过什么，直到丘奇先生过世了，她才知道真相，原来丘奇先生一直在酒吧弹琴，以此作为谋生手段来养她们母女。

这个反转算是整部剧的点睛之笔，吊足观众胃口，也借助女主的视角把丘奇先生的形象塑造得更加饱满、有分量。结局也让人为丘奇先生无私的付出感到动容，而整部剧也因为这个反转得到了升华。如果这部剧完全没反转,丘奇先生如她所料确实是一个同性恋,那么观众不会有太大的感触,结局就非常俗套和直白了。

2. 故事没有情感流动

讲故事的目的在于调动读者的情绪,加强读者的体验感,如果做不到这点,这篇故事就不算成功了,因为一个好的故事,一定是饱含情感的。

还是以《丘奇先生》的剧情为例了:丘奇先生一直不被父亲所理解,没有一天感受过家庭的温暖,当他来到女主家里做饭,却发现在这里感受到了前所未有的温暖和关怀,因此他决定留下来照顾这对无依无靠的母女。

在这个故事里面,我们可以看到一种情感的流动,有一条感情的线索贯穿始终。如果只有经历,没有情感的推波助澜,丘奇先生完成六个月的管家任务也许就走了,不会照顾这对母女长达六年,这部电影也很难带给观众一种久违的温暖与感动。有了一条贯穿始终的情感线,丘奇先生的选择显得更加合情合理,这部电影也因此拥有了温暖与明亮的色彩。

3. 故事没有画面感

很多人讲故事喜欢虚谈感受,堆砌辞藻,却缺少声色形味的具体描写,让读者或听众难以感同身受。真正会讲故事的人,他会仔细地描述,他眼睛看到了什么,耳朵听到了什么,鼻子闻到了什么,心情是什么样的。这种耳目口鼻心的感受是最直白也是最丰富的,你一说别人马上可以想到那个画面。比如我们听到刘欢老师的歌曲,大部分人会说非常激昂高亢,但这个词很难让人产生联想,自然也不会给听众留下印象。会讲故事的人则会说,听到这首歌就像黄河在我眼前奔腾着,很适合在我开车很困的时候听。听完这种描述,你的脑海里是不是浮现起黄河奔流那种壮观开阔的画面,非常鲜明地感受到这首歌的风格和氛围了?

❋ 4.8.2　3个技巧,让你的故事走进读者内心

如果你发现自己写的故事总是干巴巴,但是又不知道问题出在哪,那么下面这些内容你一定要认真看完,这3个技巧可以让你的故事变得更加出彩,让人看了开头就想点赞和收藏,并且被你的故事深深圈粉。

1. U 形故事法

文似看山不喜平，写故事最忌讳的就是一眼望到底，让人看了开头就猜到结尾。出彩的故事一定会埋伏笔、设悬念，给读者一种强反转的感觉。就好像一部电视剧，你看到某个人物明明是个人人称道的正派形象，没想到看到最后，发现他才是最大的反派，这种反转的效果是最震撼人心的。如果一个故事没有反差感，就很难引起读者的内心波动，自然也就很难受到喜爱了。

这种写故事方法叫 U 形法，即一个故事要有一波三折。比如故事中的一对情侣轰轰烈烈相爱了，最后皆大欢喜地在一起，读者开心之余并没有太大的感触，但是如果这个故事改动一下，写一堆情侣轰轰烈烈相爱了，之后经历现实的各种考验，坚定地选择在一起，最终却因为忍受不了生活的柴米油盐，变成了陌路人。那么这个故事就会给读者带来从高兴到悲伤的落差感，让读者印象深刻。

2. 详略得当法

欣赏画作的时候，我们不难发现，有些画作寥寥几笔，就能传达山水秀丽的绰约与风貌。而有些画作却必须浓墨重彩，才能体现作品的奢华与氛围。不同的内容需要不同的笔墨与手法，才能张弛有度地体现作品的美感与内涵。与之对应的，对于不同的故事内容，也要使用不同的笔墨，详略得当地安排情节。

对情节的推动、角色的塑造有帮助的地方，可以浓墨重彩地展开一番，而对于情节没有推动作用的，则可以一笔带过。如此一来，故事有一种干脆利落的美感，也更能体现作者对内容的掌控力。

详略得当可以让故事看起来更有逻辑性，也更有重点，不至于啰啰嗦嗦让人抓不住重点，也不至于处处都是重点，等于没有重点。对故事的安排要有一种恰到好处的分寸感。

3. 细节逼真法

细节是故事的神来之笔。有时候一个细节可以让一个人物的形象立刻丰满起来，也可以让故事显得更具真实感和代入感。比如，你要形容一个人非常伤感，千万不要堆砌各种形容词，如"他伤心极了""他看起来很难过"。我们可以通过细节来烘托人物的内心与周围环境，比如"他的身影仿佛被夜色吞没了，远远望去，只见他嘴里吐出的烟雾宛如一个个白色幽灵"。

"被夜色吞没""吐出的烟雾宛如幽灵"，这些细节让我们可以想象出一个人孤单地站在夜色中抽烟的样子。他此刻在想些什么呢？他为什么心情如此压抑？细节描写可以给我们带来无尽的想象空间，同时也能细微地传递出那种压抑、悲伤和阴沉的情绪。句句不提伤心，但是字字在诉说着那种心情与氛围。

写作最重要的不是在纸上写字的那一刻，而是我们离开电脑，离开字纸，离开书桌，去体验与感受生活的那些瞬间。正是这些平时积累下来的素材与想法，慢慢发酵为我们笔尖的文字，化为汩汩流淌的文字源泉，就像一坛陈年美酒，经过岁月的尘封与沉淀之后，开封之时更加芳香四溢。

第5章 锁用户：培养用户思维，更容易写出受欢迎的好内容

用户思维，决定了我们能不能站在读者的角度去创作，而不是以自我为中心，只写自己想写的内容，忽视读者的兴趣和需求。按照用户思维写出来的内容，往往更容易受到读者追捧与认可，从而获得内容出圈的效果，为我们带来更多的流量与更好的口碑。

5.1 被转发的爆款文案，都满足了用户的4个需求

爆款之所以称为爆款，是因为它得到了大量读者（用户）的喜爱、点赞、收藏、转发。而它之所以能获得这些，是因为它戳中了读者的心。究其本质，爆款是由用户驱动的，脱离了用户，再好的内容也难以成爆款。

很多人只重视内容，从来不看重与用户的交互，也没有想过要和用户拉近距离，了解用户的心理和需求，因此很难发现爆款的密码。

被疯狂转发的爆款内容，其实都是给足了读者这几种价值，如图5-1所示。

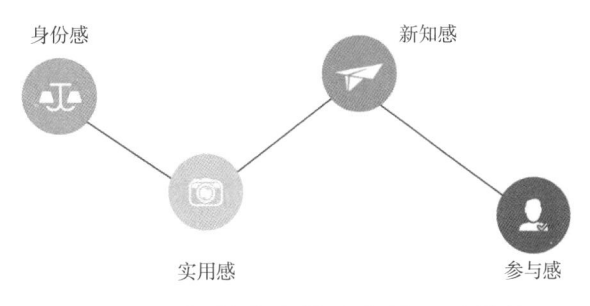

图5-1 爆款内容给读者的4种价值

5.1.1 身份感

平价产品和名牌产品的使用价值差不多，为什么那么多人喜欢追捧名牌？原因就在于名牌可以给人带来更尊贵的身份感，从而凸显自己的社会地位和权利。有些人追求的就是这种高人一等的尊荣，而一部分爆款满足的也正是读者的这种心理。比如一些人喜欢转发《高层次的人，从不做这六件事》《越没见识的人，情绪越多》这类文章，为的就是在朋友圈塑造一种有见识、有文化、有品位的个人形象，而这类文章往往阅读量还不低，因为它可以帮助读者说出自己的心声，同时加强读者的正面形象。

5.1.2 实用感

实用价值也是内容的加分项，因为这类内容可以帮助读者提升自己的认知，给他们的生活带来解决方案。比如教人怎么做菜，教人怎么育儿，教人怎么穿搭的内容吸引大批粉丝，在朋友圈和社群掀起一阵热潮。我相信你一定做过这样的事情，看到一篇有价值的文章，先点赞、收藏再说。万一以后用得着呢？此类文章也容易吸引读者转发。

5.1.3 新知感

随着信息爆炸和内容同质化越来越严重，人们更喜欢看到一些新颖的观点，那些老调重弹的内容已经不那么吃香了。若一篇文章能够提出一个新的观点，如打工不是内耗，或者提供一些新的理论，如高位视角、花盆效应，那么读者会觉得这篇文章有价值。读者通过阅读获得新知识，成长进步，而作者为了满足读者的这一需求，更需要不断更新自己的知识库，为读者提供新的视角。一篇内容能够给读者带来新知感，那么离爆款也就不远了。

※ 5.1.4 参与感

参与感也是爆款的重要因子。很多内容看似点击率不错，但是距离爆款还是差了一口气，原因就是读者的获得的参与感低，很难从内容中找到自己的影子和成就感，而爆款就是要拉近与读者的距离，让他们愿意留下一点真知灼见。比如我经常看到一些讨论帖，问某某职业者都在干什么，底下有几千条留言，大家都纷纷分享自己的职业、动态和日常。这种氛围带动了更多人参与进来，最终使这个内容变成爆款。

— 5.2 —
灵感源泉：你的用户就是行走的灵感宝典

我们输出内容是给用户看的，最终的转化成交也是用户在买单，因此可以说用户才是我们做内容的根本目标，很多人只注重内容，却忽视了用户交互，结果就是内容不是用户需要的，产品也没办法得到用户认可，最终你输出的内容都是无用功，自认为很努力，但就是无法获得市场回报。

聪明的创作者已经看透这点，因此他们每天在群里做选题测试，直接从用户身上找灵感，也会重视用户的反馈建议，以此来优化和打磨内容。可以说，用户是行走的灵感宝典。

※ 5.2.1 爆款作家都在读者群寻找创作灵感

我认识一个爆文作者，他就是通过这个方法把个人品牌做起来的。起先，他的创作比较自我，自己想写什么就写什么，完全不考虑用户的感受和需求，之后他通过课程链接到我，听我讲到用户需求，才恍然大悟。他的文笔确实很好，但是他的内容都是围绕自己的情感需求，没有戳中读者的内心。

他决定调整方向，于是把读者都拉到一个群里，让用户给他的内容提建议，并且主动去了解用户的阅读口味。慢慢地，他的内容越做越好，很多读者看完后很有共鸣，也愿意帮他转发内容。再后来，写出10万+爆文、上稿大号对他来说已经变成家常便饭。

其实很多爆款作者都有自己的读者群，那是围绕在其周围的一个比较核心的圈子。大家能够在这个群中讨论选题思路、内容方向和IP产品。对于作者来说，读者群是最省心省事的渠道，因为读者的反馈是最直接和真实的。其次，这样做也更加贴近读者的内心，更容易打磨出受市场认可的内容。

我在写书的过程中，每更新一个章节，就会主动询问部分读者的建议，他们说好的地方我会记下来，而那些有待优化的地方，我更会加倍重视，然后做出相应的调整。在这个过程中，我从读者身上学到了很多。我能够以用户的视角来看待我的作品，看清不足之处。此外，我发现只要是读者参与进来的内容，他们的关注度都很高，这就是心理学中的宜家效应。

如果你到宜家买过家具，一定发现了它们基本都是半成品，买回家后还需要你自己亲自动手组装。一开始你可能会抱怨，认为还是有师傅上门安装更方便，可是当你真的参与安装的过程，看着家具一点点变得完整，这时候你一定充满了成就感和幸福感。而这之后，你一定会对你投入时间、精力和心思亲手打造的东西无比珍爱，甚至磨损了、陈旧了也舍不得丢掉，这就是宜家的营销秘密。

这种内容共创已经渗透到很多品牌和个人IP的创作中。很多朋友应该会关注到，现在很多品牌商家会建读者群，然后邀请优质用户免费体验他们的新产品，然后让他们给出优化建议，进行主动宣传，从而引爆市场。这个过程给足了用户体验感和参与感，因此用户很乐意主动宣传、发朋友圈。这就是双赢的局面，用户得到了特殊的待遇，而商家的产品也获得用户的种草。

说穿了，宜家效应，就是用户共创。用户投注的成本越大，对产品就会越加珍惜和重视，甚至给它加上一层滤镜。在内容的创作中，这也是很常见的现象，当读者参与到你的内容建设中来，他在阅读和思考的过程中，也在花费他的时间成本，这时候他就会更加认可你的内容，过后还会觉得这是自己努力的见证。所以，聪明的创作者才不会放过这种机会，当然要邀请读者参与自己的内容建设，而不是关起门来，傻乎乎地创作。

❋ 5.2.2 你的用户就是行走的灵感宝典

我有许多爆款内容的灵感不是靠自己想出来的，而是与粉丝碰撞出来的。从外界获取灵感，内容更契合市场需求。想要从用户身上获取灵感，这几个地方是我们可以格外注意的。

（1）认真对待读者留言。你是会直接跳过粉丝留言，还是会认真看完每一条呢？写作以来，或许我不能回复每一条留言，但一直会认真去看完每一个粉丝的评论，不管是好的还是坏的声音，我都选择坦然接纳。粉丝留言像是一面镜子，可以照出我们内容的好坏，也可以帮助我们审视自我。要相信一部分粉丝是可以给我们提出建设性意见的。

（2）认真听取建议。我们可以针对性地向一些粉丝征求建议，比如我想要写一本书，我会先听听关注我的粉丝是怎么说的，他们的意向度高不高，以及对这个课题是怎么理解的，有没有更好的想法可以补充。征求建议不是为了让别人给我们直接提出意见，而是在交流和碰撞的过程中，打开我们的思维。

（3）主动求反馈。反馈不同于留言与建议，它的目标是找出尚不完美的地方，方便我们做出针对性的改进。比如，我们的内容发布之前，可以询问一下他人的建议，看看有没有值得改进、优化的地方，用精益求精的态度去打造内容，如图5-2所示。

一般来说，关注我们的读者是最了解我们的，一旦我们的创作方向偏离了初心，又或者内容的质量下滑，他们总是能够一眼看出来，因此，我们要重视这些读者的建议与反馈，不断在交互中调整自我，往正确的方向不断前进。

认真对待读者留言　　　　　认真听取建议　　　　　　主动求反馈

图 5-2　从读者身上获取灵感的渠道

※ 5.2.3　像了解恋人一样了解用户

用户共创的目的，其实还是打造用户喜欢的产品和内容。很多人只希望把东西推销给用户，却连自己的用户是什么样的人都不了解，而如果不了解用户，你很难打造出对其胃口的东西。了解用户是重中之重。

我有一位小红书私教客户是做美容塑身的，她们店里有两款核心产品，一款是产后修复的私教课，另一款是打造蜜桃臀好身材的课程，价格均在4~5位数。那么我们可以确定，她的受众是一群愿意为自己投资的中产女性，年龄为25~35岁。和受众比较契合的平台就是小红书，那么这个平台就是引流的主场。如果你不知道用户画像，你可能会在每个平台都试一遍，浪费时间不说，引流来的粉丝也可能不精准。我就曾听说某一商家在某个平台发布内容，尽管收到了流量，但这个平台的用户多是还在上学、缺乏购买力的年轻人，而他们是做高端产品的，人群和产品完全匹配不上，花了很多功夫也是白费。

不想出现这种情况，就要确定用户画像，知道什么内容是读者爱看的，又应该选择什么平台，才不会浪费力气。用户画像的案例如表5-1所示。

如果你了解用户画像，就很容易做内容。我们可以在用户的内容兴趣点和消费点做功夫，以此来传递"选择我们的产品或者服务很值"的感觉。比如塑形私教课的用户的核心需求是打造好身材，那么结合学员案例分析消费痛点，就可以延展出"新手15天高效提升""蜜桃臀打造"等课程产品。内容新手的常见问题就是缺乏定位和了解。以塑形私教课为例，市面上的同类产品很多，消费者为什么要选择你？内容需要戳中消费者的痒点、痛点，为消费者提供价值。若对消费者缺乏了解，随心所欲地发布自己认为有价值的内容，那么劳而无功是可以预见的。

表5-1 用户画像

产品	性别	地区	年龄	身份	收入区间	内容兴趣点	看重的消费点
拖把	女	不限	20~35岁	独居女性/主妇	不限	情感/娱乐/女性成长	拖地干净/使用寿命长
塑形私教课	女	同城	25~35岁	中产女性	家庭收入1万元以上	健身/产后/减肥	见效快/动作简单/老师有耐心/上课时间自由
平价手机	不限	不限	不限	网购人群	不限	科技/电子/测评	性价比高/电池容量大/内存大

总而言之，想要打造爆款内容，不能一直只记得你的产品要快点卖出去，而是要在了解用户的基础上，明白他们的消费点是什么，集中火力攻击他们的痛点，放大他们的需求，吸引他们主动找你成交。

— 5.3 —

用户体验：参与感，让用户更愿意转发你的内容

参与感是提升用户体验的重要因素之一。很多品牌都在组织各种各样的互动活动，以提升客户对品牌的好感度和美誉感，做内容也是如此，只有让用户在内容中找到参与感，他才会越来越认可你，从而加强内容与粉丝之间的黏度。如果我们总是自说自话，与粉丝缺乏连接点，那么内容再好也很难赢得粉丝的心。提升参与感是我们做好内容建设的关键，也是构

建粉丝忠诚度的桥梁。

※ 5.3.1 小米的社群经济：参与感到底有多重要

说到参与感，小米将这招做到了极致，在行业内取得了举足轻重的影响力。以小米曾推出的一部微电影《100 个梦想的赞助商》为例，其目的就是回馈当年第一批支持产品的 100 个种子用户，还把他们的论坛 ID 写在开机界面上。此举大获成功，一下子就帮小米打开了市场，第二年，小米的用户群就突破了 6000 万。

参与感对于用户来说，到底有多重要呢？答案是每个人都希望在社会中获得关注，得到一种身份认同，而参与感可以很好地满足用户心理，让他们备受鼓舞，因此他们更愿意为品牌进行自发的宣传，并且成为超级铁粉。

这一点在内容上也体现得淋漓尽致。如果你经常参与某个博主的内容建设，习惯和他进行高频的互动，给他的内容点赞留言，参与他的课程活动，那么你有很大可能会变成超级粉丝，甚至很愿意成为消费者。

※ 5.3.2 什么样的用户更适合做内容交互

我们想要和用户进行交互，提升粉丝黏度，是否要一视同仁，在每个粉丝身上花费相同的时间呢？答案并非如此，每个人的经历都是有限的，每个人对我们的认可也是不一样的，这时候我们要做的是筛选出三类粉丝，他们将是我们个人品牌的重要助力，也是我们的超级铁粉，对于我们的长远发展来说，有着关键性的决定作用。

1. 高贡献的粉丝

这里指的是经常为你付费，且金额比例较高的一类粉丝。点赞的可能是路人，但付费的一定是真爱，这类人对你付费的额度，已经代表了对你的认可程度。同时，因为对你付费的行为，他们对你的品牌忠诚度会更高，因此这类人是我们要维护的重点人群，我们可以邀请对方来参与我们的活动与内容建设。

2. 黏度高的粉丝

付费可以作为黏度高低的判断标准吗？倒也未必，有些粉丝的黏度也是很高的，比如经常给你提一些建设性的建议，这说明他比较关注你，且真心为你考虑。这类粉丝我们也要重视起来，且可以邀请他参与我们的内容建设，比如给你的内容提一些建议。

3. 大咖级的粉丝

所谓大咖，要么有着重要的社会地位，要么有着巨大的媒体影响力，就算他们不是你的消费者，也未必会关注你的个人品牌，但依然是我们值得关注的一股力量。他们通常有着较高的行业格局，看事情的目光也长远一些，因此把关系维护好了，对于我们的发展来说，益处是非常大的。

以上这三类人是我们可以重点维护的参与者，如果能够得到这三类人的认可与帮助，我们将获得提升内容热度的助燃剂。

※ 5.3.3 如何写出有参与感的文案

看到这里，你一定想知道：我们如何写出有参与感的文案，达到事半功倍的效果呢？

分享三个小技巧给大家：

1. 疑问号结尾

如果你的文章都是以句号结束的，想必很少有粉丝和你留言互动。提升用户参与感的文案，往往就像朋友之间的对话一样，存在你来我往的问答。比如有一次我写了一个关于会计专业的文案："今天写采访稿的时候，我忽然在想，为什么当年我没有去读传媒或者汉语专业，偏偏读了会计，这和文字八竿子打不着。从我的整个职业生涯来看，会计专业完全起不到一丁点作用，但是转念一想，一步到位的人生就像一潭死水，未免缺少了一点波澜，那该多无趣啊！人生该走的弯路，真是一步也不能少，好在越过山丘，那边有更美的风景。"当我把这个文案发出去的时候，只有零星几条互动，后来我改了一下，马上收到了 40 多条评论，而我的方法很简单，就是在结尾处加了一个问句，做个小调查：你现在从事的行业，和你的专业有关系吗？

以下就是修改后的文案："今天写采访稿的时候，我忽然在想，为什么当年我没有去读传媒或者汉语专业，偏偏读了会计，这和文字八竿子打不着。从我的整个职业生涯来看，会计专业完全起不到一丁点作用，但是转念一想，一步到位的人生就像一潭死水，未免缺少了一点波澜，那该多无趣啊！人生该走的弯路，真是一步也不能少，好在越过山丘，那边有更美的风景。最后做个小调查：你现在从事的行业，和你的专业有关系吗？"

2. 多使用你、我、我们

文案并不需要多么高大上，也不需要华丽的文笔，反而是平易近人的口吻，更容易让人想要互动。我们可以来看两组文案。

A 组文案：橙子是这个夏天的首选水果，它是补充维生素的优等生，更是送礼佳品！

B 组文案：橙子是夏天最亲民的水果，一口下去酸甜可口，立刻让你神清气爽！它不仅好吃，还能滋润你的喉咙，帮你补充维生素 C 哦，快给你的闺蜜、好友准备一份吧！

这两组文案，你更喜欢哪一个呢？我相信一定是后者，因为它的表达更有人情味，很容易让你产生亲近感，让你觉得产品"与我有关"，而第一组文案虽然把意思表达清楚了，但是让人觉得冷冰冰的，缺乏温度和人情味，这样的文案我们当然不会喜欢，更别说让人产生购买的冲动了。

3. 给你的文案植入比喻

"我看着那条弯曲着通向城里的小路，听不到我儿子赤脚跑来的声音，月光照在路上，像是撒满了盐。"

余华老师的这段关于月光的描写，可谓经典。把月光比作盐巴，把模糊不清的事物清晰地勾勒出来，一下子就让人联想到具体的场景——细碎的、清冷的、月光铺满地面，仿佛我们亲眼看到余华笔下的那轮月亮。

比喻的妙处就在这里，它可以很好地传达出你要表达的事物，它的气味、形象、颜色、尺寸都可以恰到好处地刻画出来，让细节和轮廓变得立体而丰满，文字就不会显得苍白而空洞。如果你总是觉得自己的描述缺乏力量与支撑，那么加入比喻就是不二之选，它可以让你的表达变得形象而生动。

— 5.4 —
深度链接：和30个用户深度链接，有助于写出爆款内容

凯文·凯利说："一个人，只要拥有1000个铁杆粉丝，这辈子几乎可以衣食无忧。"在内容创作方面，我们只要有30个超级粉丝帮助我们创建内容与品牌，就可以获得比较好的市场效益了。今天就来介绍一下，我们在什么情况下应该重点邀请用户参与内容建设。

✱ 5.4.1 用户共创有什么好处，又该如何邀请用户参与共创

邀请用户共创就像在攒积分，有些作者可能会对此产生依赖，什么内容都要征求用户的建议，而我并不提倡这么做，因为每个人的时间都是非常宝贵的，用户是我们的重要资产，如无必要不可轻易消耗。这三种场景下，邀请用户共创是比较有价值的。

1. 宣传文章共创

如果你现在要写一篇宣传类的和变现直接挂钩的内容，那么有必要参考一下用户的建议。例如，当我为微课、新书写宣传文案时，通常会邀请一部分读者给出建议，以第三视角来看待我们的内容，从而更好地找到优化点，提升我的创作效率和质量。

2. 新书共创

写书与写文章不同，前者体量较大、创作起来投入更多。而且想要输出有针对性，能为读者带来价值的图书更是不简单。这时候我们可以和一

部分读者聊聊他们的痛点和困惑，这也许可以让我们看到市场的真实情况，同时也可以吸引读者继续关注我们的新书进展，未来成为第一批忠实读者。

比如我在写书的过程中，就邀请了老学员提出建议。有人建议我增加配图，有人建议我加入案例，以便新手更好地入门，这些建议都非常好，因此我也结合大家的建议来创作一本书。对于读者来说，与作者共创也是一件极具价值的事情，他们会觉得，虽然这本书不是我写的，但是我的建议受到了重视，这本书也有我贡献的一部分。

这里还不得不提到一个词叫"知识诅咒"——当我们逐渐掌握了一个领域的知识，就很容易陷入盲区，想当然地以为别人也知道这些事。写书时也容易陷入这种盲区，以至于有一部分人喜欢讲专业名词，或者通篇都是理论，令新手听得云里雾里。适当听取用户的建议，有利于我们兼具作者和读者的视角，写出在市场上更受欢迎的作品。

3. 微课共创

如果你现在要开发一门课程，你要做的第一步是什么？很多人会埋头苦干，做自己喜欢的内容，但是有经验的创作者则会做市场调查，了解用户的痛点在哪里，倾听用户需要解决哪些问题，平时都在哪里出现卡点。后者开发出来的课程人气会相对高一些，因为课程本身就是建立在市场需求上的，只有深入用户当中，我们才能听到更多心声。

※ 5.4.2 成立小组是用户共创的最好渠道

现在我们知道为什么要重视用户共创了，但是很多人并不知道在哪里完成这些事情。这里推荐一个比较高效的方法，就是建立社群，成立内部小组。

好处体现在以下几点：

（1）社群可以实现一对多的沟通，节省时间成本，大大提升沟通效率。

（2）社群是一个集思广益的虚拟空间，每个人都可以在其中分享各自的观点和见解，因此更容易在互相碰撞当中产生更好的创意，这种开放式交流，远比一对一的封闭式交流更加有建设性。

（3）社群更有氛围。很多人对于提意见的热情度是不高的，但是到了一个集体，你一言我一语地交谈起来，没有了一对一访谈的正式感，就会更容易敞开心扉，我们也更容易收集到用户反馈。一对一的交谈会比较正式而严肃，但是一群人的交流会更活跃而轻松，大家能够互相影响、互相带动，从而形成更好的聊天氛围。

社群的人员结构也是我们需要重点考虑的，以下两个技巧，有助于我们打造一个质量更高、更有创造性的社群。

1. 吸纳不同行业人群

如果你要收集不同的建议，就要保持一个开放性思维，去邀请不同行业、拥有不同认知的人加入这个小组当中。如果人员结构非常同质化，想必也不会商讨出什么突破性的见解，一个程序员和一个财务的思维可能是天差地别的，因此我们要保证群体成员的行业多样性，以此丰富我们看待事物的视角。

2. 吸纳不同层级人群

层级指的是在一个领域的发展阶段不同，比如在一个写作群里，有出版作家，有刚入门的新手，也有腰部达人，每个人都站在不同的生态位，看到的东西也是不一样的。如果你希望用户给你的新书一些建议，出版作家可以教你如何更好地包装选题和封面，上市后怎么推广，而新手可以反馈他们现阶段的痛点，以及希望在书里看到什么内容，可以帮助我们更好地了解市场。就像爬一座山，有人在山脚下，有人在半山腰，有人在山顶，那么大家看到的东西和收获的经验是不一样的，恰恰是这种不一样，让我们看待世界的角度变得更加多元化。

❋ 5.4.3 如何邀请用户共创内容

好了，到了这里，想必你已经知道怎么去经营一个社群，以此帮助自己更好地与用户互动链接，保证内容的共创了，但是有个问题：具体以什么方式去收集用户反馈，以此获得我们想要的东西呢？每天都是聊天，似乎少了一点正式感和仪式感，用户久了也会疲惫。这里有三个成熟的方法，是很多企业品牌都在使用的，打造个人品牌时也可以参考。

1. 问卷调查

问卷调查指的是设置你想知道的问题，然后转发到社群，让用户便于填写，一般一两分钟就可以搞定。这样可以方便我们针对性地解决问题，也能提升沟通效率，用户只需要选择我们设置的答案就可以，不用消耗太多时间去思考。比如我要策划一本书，又拿不准这本书写什么内容用户才会更感兴趣，那么，我可以设置一些选项，让用户来选择。

2. 读者投票

读者投票适合用来做一些简单的调查，比如 AI 绘画和文案火了，你可以让用户投票选出对哪个更感兴趣。这种方法适用于微课开发和新书策划，以此了解你的目标客户更关注哪些内容。当然，读者投票也有局限性，它只能多选一，而不能更好地调动读者的思维，产生更多的灵感碰撞。

3. 朋友圈分组投票

如果你觉得设置问卷调查和投票太麻烦，那么还有一种简单的方法，就是直接在朋友圈和用户互动。比如你想知道大家最近对 AI 写作有多大的兴趣，你可以分享一条相关的动态，然后号召感兴趣的人对这个话题点赞或者评论，然后设置分组可见。朋友圈的分组投票容易操作，且零门槛，既能帮助我们优化工作环节，又能激活我们的朋友圈。

— 5.5 —

提升转化：如何快速说服用户下单，成为行走的内容种草机

我们总说，内容不能自嗨。很多人走进了内容陷阱，只知道把内容写得很华丽，把产品写得很高级，但是和用户没有关系。好的内容不是看起来漂亮就行，卖产品也是，我们一定要学会给用户一个甜蜜点，让用户看完了就想下单。如果你想通过内容来提升产品的销售额，这篇文章一定要仔细看完，接下来介绍的方法和写作公式，都是可复制、易学会的，错过保准你拍大腿。

✲ 5.5.1 内容没人看，没人下单，是因为踩了这个坑：老太太买水果的案例

一个老太太去买橘子，摆在眼前的有好几家摊位，但是老太太跳过第一家、第二家，在第三家买了一斤橘子，又去第四家买了好几斤水果。这是为什么呢？

老太太去了第一家摊位，摊主拼命吆喝橘子又大又甜，老太太听完摇摇头，大步流星地离开了。

来到第二家，摊主笑得和花一样，不断夸赞自己的橘子多新鲜，还是早上刚从树上摘的，老太太听完摆摆手。

第三家店的老板看到了老太太的举动，不禁问道："老太太，您需要什么水果呢？我这里的品类非常全，包你吃过都是回头客。"老太太嗫嚅："我想要一斤酸橘子，不知道您这里有没有？"摊主连忙拿出了一箩筐让老太太挑选，一眨眼的工夫就把生意做成了。接着老太太又来到下家，在门口张望着，老板赶紧迎上来问道："老太太您要什么？"老太太缓缓说道："我想要买点酸的水果。"老板回："别人都喜欢甜的，您为什么要买酸的呢？""儿媳妇怀孕了，最近想吃点酸的，我想看看有没有适合孕妇吃的水果。"

老板连忙给老太太竖起大拇指，笑得眼睛眯成一条缝，夸赞道："您真是一位好婆婆，儿媳妇太有福气啦！我这就给您介绍几款营养丰富又好吃的水果，保证您儿媳妇吃得开开心心，生个大胖小子。"老太太一听笑得合不拢嘴，一口气买了好几斤水果，拎着大包小包心满意足地离开了。

为什么前两家摊主的水果卖不出去，后面两家却赚得盆满钵满？区别就在于产品有没有契合顾客的需求。出于各种实际情况，每个人的需求是不一样的，有人喜欢苹果，有人喜欢酸柠檬，还有人喜欢榴梿。我们在营销之前，一定要精准地把握用户的需求，这样才能打造让用户认可的内容，把产品事半功倍地推销出去。如果我们只顾着吹嘘自己的产品，一味把自己认为好的东西推销给用户，结果可能适得其反。

买单的才是上帝，只有上帝说好的东西，才是真的好，所以，不要盲

目地把自己的需求认为是顾客的需求。

※ 5.5.2 马斯洛需求法，帮你深度挖掘用户的痛点需求

《纽约时报》评论说："马斯洛心理学是人类了解自己过程中的一块里程碑。"马斯洛需要层次分为五个：生理需要、安全需要、爱与归属的需要、尊重的需要、自我实现的需要。这五个需求其实也对应了顾客的不同需要，我们只要掌握了这个底层逻辑，就可以针对性地为用户提出解决方案，从而让我们的内容和产品更加吃香。

以汽车销售为例，在鼓吹技术、材料和价格之前，我们更需要分析顾客的不同需求。以马斯洛需求法从五个方面分析汽车潜在购买者的需求，如图5-3所示。

当你运用马斯洛心理学来分析顾客的心理，你就很容易把话说到对方的心坎里去，从更深的层面去激发顾客对产品的渴望，放大顾客的需求感，最终促成交易，而不是只会自卖自夸，最后顾客还不买账。

有句话说得好，如果你想让一个人去造船，就要先去激发他对大海的渴望，如果你想让一个人心甘情愿地买单，就要让他相信拥有你的产品，他的人生将会更加美好。

※ 5.5.3 五步写作法，帮你写出能吸金的种草文案

前面我们说过，顾客的需求分为五个层次，生理需要、安全需要、爱与归属的需要、尊重的需要、自我实现的需要，我们只需要搞懂顾客当下的需要，集中攻略即可。当我们知道客户的需求后，想要写出一个契合用户心理的文案，还需要一套公式。我把它归纳为五步：挖需求、现场景、给价值、亮数据、促下单，如图5-4所示。

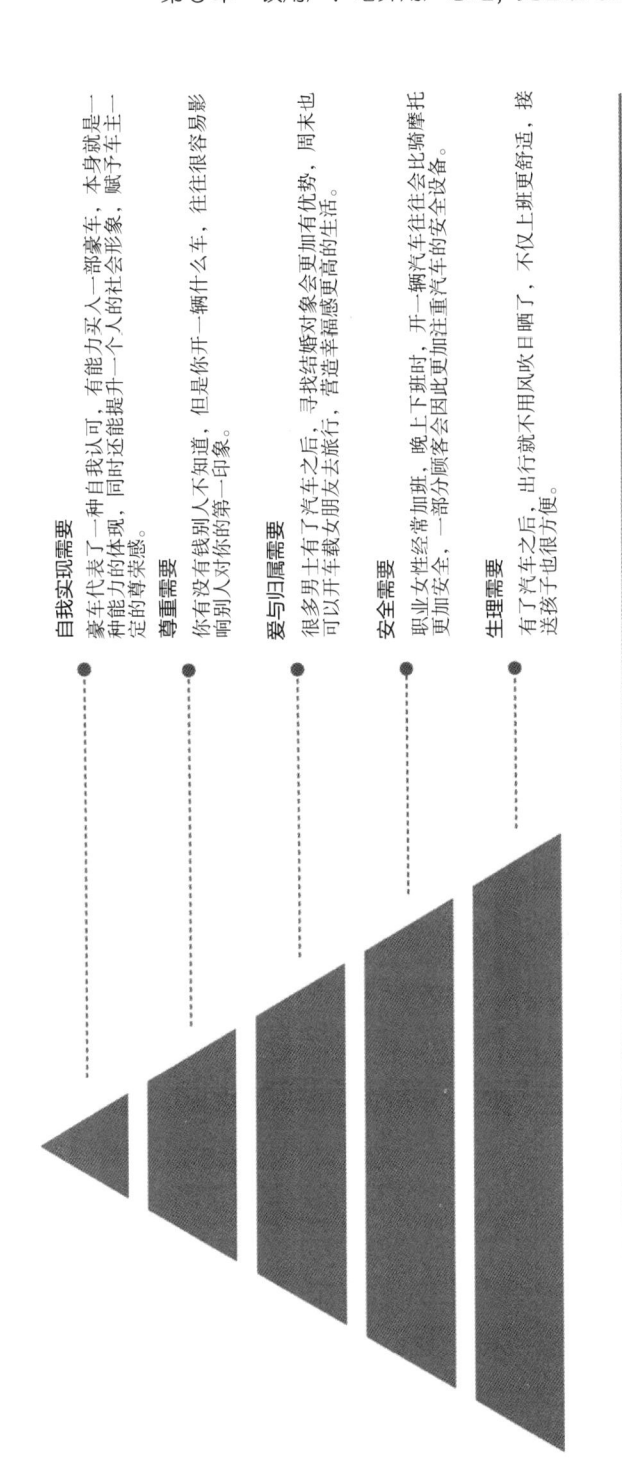

第 5 章 锁用户：培养用户思维，更容易写出受欢迎的好内容

- **自我实现需要**
  豪车代表了一种自我认可，有能力买入一部豪车，本身就是一种能力的体现，同时还能提升一个人的社会形象，赚子车主一定的尊荣感。

- **尊重需要**
  你有没有钱别人不知道，但是你开什么车，往往很容易影响别人对你的第一印象。

- **爱与归属需要**
  很多男士有了汽车之后，寻找结婚对象会更加有优势，周末也可以开车载女朋友去旅行，营造幸福感更高的生活。

- **安全需要**
  职业女性经常加班，晚上下班时，开一辆汽车在任会比骑摩托更加安全，一部分顾客会因此更加注重汽车的安全设备。

- **生理需要**
  有了汽车之后，出行就不用风吹日晒了，不仅上班更舒适，接送孩子也很方便。

图 5-3 汽车潜在顾客的五个需求

149

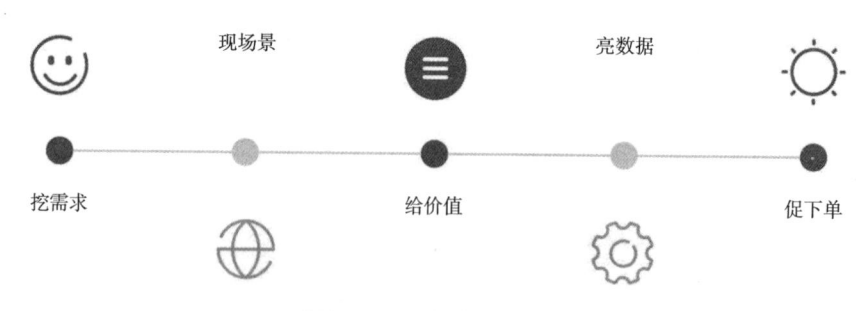

图 5-4 文案五步法

以一个香水文案为例：

气味就是一个女生气质和品位的呈现（挖需求），这款香水融入了自然美学的设计理念，瓶身为深绿色，仿佛溶入一片茂密的树林。打开瓶盖，浓郁的木质气息立刻扑鼻而来，宛如置身于一片青翠的森林中（现场景）。芳香清新却不失浓烈，如同清晨的森林氧气一般令人沁心怡神（现场景）。淡淡的花香托起了清新的木质调，如同勃发的花朵在森林间绽放一般，让人深深陶醉其中。喷上它和你的另一半约会，就像两个人漫步在一片充满生机与活力的森林中（现场景）。据调查，人对于气味的印象，大于其他感官，想起一个人身上的气味，连同对那个人的感觉、相关的记忆都会被唤醒（给价值、亮数据）。无论你今天穿得多漂亮，也许他转眼就忘了，但是你身上那种白月光般的味道，相信他一辈子都忘不掉。每个女孩子都值得拥有这样一瓶香水，为你的魅力人生加分（促下单）。

再以一个图书产品为例子，我们可以套用五步法来写文案：

你是否经常为小孩的学习成绩头痛（挖需求）？孩子坐不住、记不住、不爱学习，报了很多辅导班都不见效，每次看完孩子的成绩单都忍不住摇头叹气（现场景）。本书的作者曾是一个令人头疼的孩子，初中时成绩总是班上倒数第一，经常受到家长与老师数落，所有人都认为他是个没前途的家伙，直到他掌握了这套学习方法，不仅考上清华，还变成了家喻户晓的畅销书作家。这套方法可以轻松激发孩子的学习兴趣与自驱力，让每个学子看得懂、学得会、用得上（给价值）。已经有5000多位家长下单好评（亮数据），只需一杯咖啡的钱，你就能改变孩子一生的命运（促下单）！

学会五步写作法，你可以轻松驾驭产品文案，按照这个写作逻辑，任何人提笔就能写。

总的来说，用户是我们写作的生命线，少了用户的阅读，再华美的文案都会失去魅力与价值；没有市场的认可，再好的文笔也都是猴子耍宝。写作时，不要只会埋头苦干，还应该抬头和用户进行深度交流，把写作当成和用户之间的沟通桥梁，但别忘了走下桥来，深入到群众之中。

第6章 选平台：向平台借势，让你的内容成为爆款收割机

荀子《劝学》有言："假舆马者，非利足也，而致千里；假舟楫者，非能水也，而绝江河。"意思是说："借助于车马的人，不必自己跑得快，也能远行千里；借助于舟船的人，不必自己善水性，也能渡江河。"一个人想要更好地成事，学会借势是非常重要的，那么我们如何在内容创作中借势呢？

答案就是借助平台的力量来放大内容的影响力，只要搞懂了平台的底层逻辑，就相当于骑上了一匹快马，你的内容数据会跑得更快、更好。

— 6.1 —
不会选平台，导致迟迟无法开始

去年我认识了一个做服装店的朋友，她经常和我请教自媒体问题，看起来对这个行业有很大的兴趣，结果过了一年，她依然没有行动起来。细问才知道，原来她一直纠结要做什么平台，一会儿听别人说小红书非常适合女性创业，上面都是高质量女性，卖服装肯定赚钱；一会儿听人说，抖音的流量非常好，变现模式更多，某某今年又大赚一笔！

就我遇到的十个人里面，至少八个人对自媒体感兴趣，但有一个人去行动就不错了。究其原因，很多人都是被第一步难倒了，完全不知道自己该做什么平台。也有人什么都想做，但是知道自己精力有限，又生怕选错了白费工夫、浪费力气，索性就不做了。毕竟能避免失败的方法，就是什么都不做啊！

其实有这种心理实在太正常了。面对一个未知事物，很多人心中难免

感到恐惧和没底，生怕自己做了却没有得到应有的回报，搞不好还被人嘲笑，但是不做又生怕自己后悔。你在观望和迟疑的过程中，很多人已经做起来了，这让你更加责怪自己的不努力和不作为。但是任何时候开始都不晚，摩西奶奶76岁开始画画，80多岁一展成名，94岁登上《时代》周刊封面。她曾告诫年轻人，面对自己的梦想，任何时候开始都不迟！

如果你想开始做自媒体，尝试做一个内容的生产者，以下这些方法可以帮你选择一个适合的平台。把你犹豫和思考的时间用来做事，也许你早就成功了！

✹ 6.1.1 平台没选对，再努力都白费

每次我到线下讲课，都不可避免被问到一个问题："你是怎么把四五个平台都做起来的，还做到了相对极致的地步？"

诚然，我在小红书斩获了100万阅读量，被许多平台邀请去讲课；在头条开了三个写作专栏，被评为职场前50优质账号；在知乎获得40万收藏；公众号经常收到软文合作；在视频号也逐渐有了粉丝和影响力……在外界看来，这算得上是多点开花，但是这并不代表我从一开始就选对平台，切入得十分顺利。早前我也尝试过百家号和简书这些平台，但是花了半年工夫，都没做起来，我误以为是自己的能力问题，后来才知道，那是我入局的时候，这几个平台的红利期早就过去了，头部博主已经饱和过剩，我一个新手再怎么努力也是白费心思。

认清这点后，我开始研究其他平台，在一位老师的推荐下，才开始入局头条。后来我看到一位朋友在知乎做得风生水起，流量增长就像坐了火箭一样生猛，因此我也开始尝试运营知乎。看到一位博主通过小红书收到各种民宿与酒店的试睡邀请，还能接广告，我觉得很有意思，于是又开始琢磨运营小红书……就这样，我总共运营了七八个平台，对于前期没有团队的我来说，都还算拿到了结果，至少涨了粉丝，变现了，还能沉淀出一套运营的方法与逻辑，既能复盘自己的运营情况，也能指导别人。

6.1.2 决策模型：选择适合自己的平台

关于平台选择，确有门道。不仅是我走了弯路，我的学员大力也曾经遇到平台选择这个问题。

她的文笔非常好，过去也在不少公众号投稿，写过不少爆文，但是对于自己运营平台这件事，却迟迟无法开始，因为不知道什么平台适合自己，又怕轻易开始了，没有选对平台浪费了时间和精力。后来我告诉她一套方法，她分析了自己的情况，很快就选对了适合自己的平台，而她现在深耕的一个平台也有 10 万 + 粉丝了，创造的收益大大超过她的工资。如果你也有相同的困惑，要做的不是选择最热门的平台，而是选择适合自己的平台。

每个平台都有一个生命周期，今年这个平台比较火，明年那个平台比较火，你永远跟不上热潮，因此我们不能跟着热度走，而是要选择和自己的内容调性最匹配的。

每个平台背后的用户是不同类型的，有的用户比较高端，消费力强，有的用户消费力相对弱一些，我们需要做一个评估，才能筛选出适合我们发展的平台。

每个平台偏向的内容模式是不一样的，比如知乎偏向长文，小红书偏向短平快的内容，抖音偏向娱乐化内容，哔哩哔哩又偏向知识类视频，如图 6-1 所示。

每个平台都有自己的偏好和定位，从自身的内容出发，我们才能筛选出和自身比较契合的平台，深耕出我们更长远的影响力。

接下来我介绍一个决策模型，可以帮助你筛选出适合自己的平台，以便节省时间，把精力花在产出更多的平台上面，少走弯路。

朋友小花就是一个很典型的案例，她曾经在某个平台发布了好多爆文，但是吸引来的用户并不是她想要的，转化率并不高，对于她的收入来说毫无帮助，后来在我的建议下，她重新分析了她的定位和平台的匹配度，选择了一个新平台，一周内就吸引了很多精准用户，开始有成交和变现。正所谓方向不对，努力白费，如表 6-1 所示。

※ 爆款写作的底层逻辑

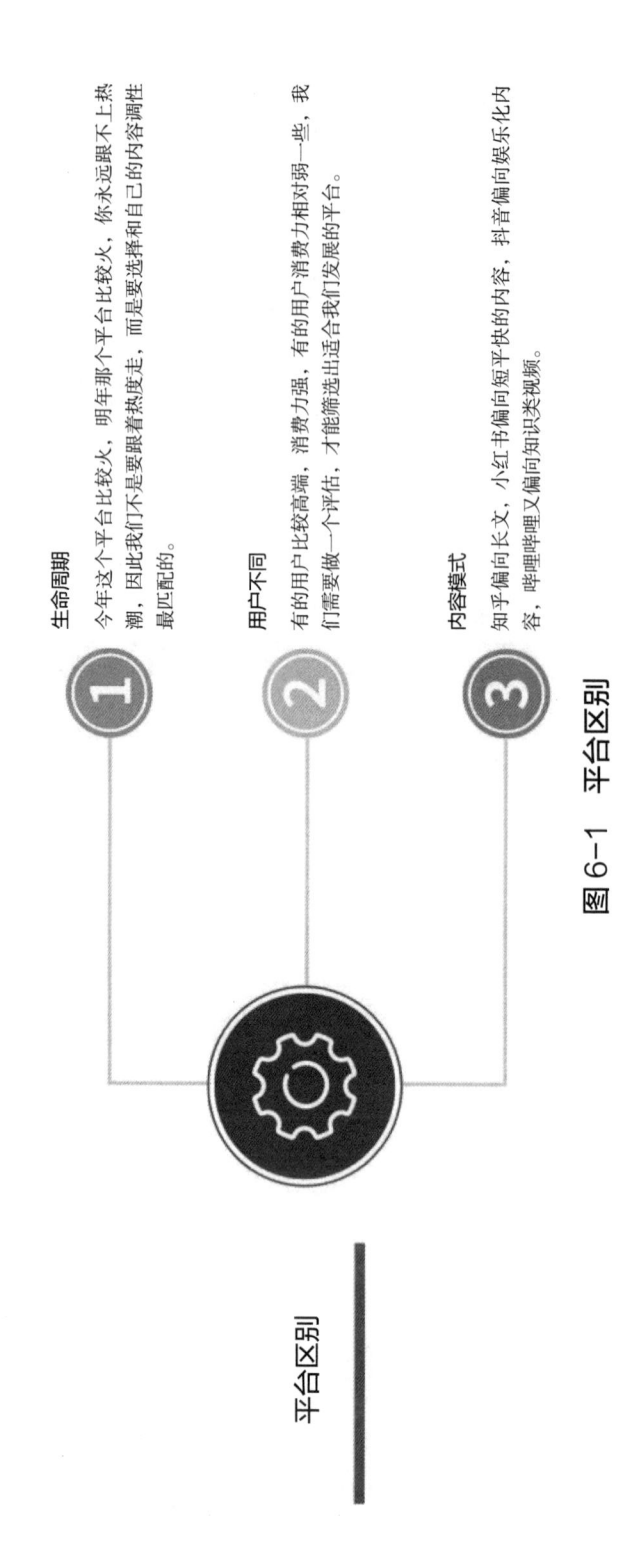

1 生命周期

今年这个平台比较火，明年那个平台比较火，你永远跟不上热潮，因此我们不是要跟着热度走，而是要选择和自己的内容调性最匹配的。

2 用户不同

有的用户比较高端，消费力强，有的用户消费力相对弱一些，我们需要做一个评估，才能筛选出适合我们发展的平台。

3 内容模式

知乎偏向长文，小红书偏向短平快的内容，抖音偏向娱乐化内容，哔哩哔哩又偏向知识类视频。

平台区别

图 6-1 平台区别

表6-1 定位与平台的匹配分析

考虑优势	考虑产品展示	考虑成本
擅长图文选小红书/知乎/头条	适合图文：写作干货、职场干货	时间成本：视频大于图文
擅长视频选抖音/小红书/快手	适合视频：服装搭配、健身动作、美食教程	金钱成本：视频大于图文

这里来看两个案例：一个账号是做电商知识分享的，号主并不擅长做视频，且平时比较忙。而另一个账号是做装修案例分享的，号主有很多工作记录的视频，并不需要再去重新收集素材了。

那么这两个账号，哪一个适合做图文，哪一个适合做视频呢？答案一目了然。很多朋友总是认为做视频流量就一定比较好，做图文的流量就比较差，事实并非如此。不管什么时候，都有做得好和做得不好的人，我们应该从自身的资源和情况出发，厘清我们更适合哪个赛道，从而去选择相匹配的平台。

— 6.2 —

内容暗器：5个高手们的内容工具箱，助你写出平台喜欢的爆款文

如今有很多朋友都想通过内容获取流量，但是平时时间比较紧张，又有很多事情要处理，没办法腾出那么多时间去做内容。此外，很多朋友在内容策划方面并不擅长，甚至连编辑几句话都感到吃力，这种情况下，怎么去做好内容呢？

答案就是：运用工具。简言之，就是运用软件和信息技术把我们的内容创作变得更加快速高效。以前一天只能写一篇文章，现在可以写10篇，这个说法并不夸张。只要掌握了这些内容工具，你一天就能完成十天的工作量，剩下的时间自由支配。

※ 6.2.1 小白与高手的差距，在于是否掌握了内容暗器

有一次我去到客户的工作室给她梳理内容思路，一晚上帮客户设计了10条视频和文案。你可能以为这个客户有非常强悍的内容基础，而实际上，她是一位40岁的创业小姐姐，一直专注实体创业，对内容创作知之甚少。

更要命的是，她平时既要管理店铺，又要做教练，实在太忙了，图片、文案、视频都没办法准备齐全。这时候，你会怎么解决这个问题？很多人可能想到的就是自己拍、自己写，或者雇人来帮她做这些事情，这是常见的解决思路。那如果我告诉你，图片可以由专门的网站来提供，文字可以让机器人帮你写，你是不是觉得不可思议？而现实是，即便是一位完全零基础的小白，有了这些工具，也可以在一个晚上写10条内容出来，然后陆续在小红书发布，快速提升账号的成长等级，保持一定的更新频率。我把这个方法教给学员，很多人大大提升了自己的内容创作效率，而且用对方法，做出来的内容质量远胜于你自己的原创。

我们来想象一下，如果有一个跑步很厉害的人，和一个跑步很差但是直接开跑车的人一起比赛，你觉得谁会更快到达终点呢？答案很显然，一定是开跑车的人。不是因为她的能力强，也不是因为她抄了近道，而是因为她懂得使用工具，有了跑车的加持，她一定比那些跑步厉害的人要更高效。

而内容小白和高手的差距也在这里。如今会做内容的人并不稀缺，但是你能一晚上写一万字出来吗？恐怕很难。即使你第一天晚上可以高效创作，第二天晚上还能写，但是到了第十天晚上，恐怕你已经坚持不下去了，因为这实在太消耗精力。长期伏案创作让你感觉完全没有自己的生活，所有时间都被这件事占用了。这种生活是你想要的吗？

如果不是，我们就应该学习怎么借助工具来提升我们的效率和内容质量，比别人花更少的时间，但是做出更好的内容。

6.2.2　5款内容暗器，让你的内容更受平台与读者欢迎

看到这里，你可能迫不及待想知道有什么工具可以帮助我们更好地创作内容，打造个人品牌。接下来我帮你总结五个工具，可以帮你解决没有图片和视频可用、写作效率低下、不知道什么话题更热门的烦恼。

1. 今日热榜

今日热榜是一个非常实用的选题创作工具，它涵盖了微信、今日头条、贴吧、微博、知乎等热点内容，帮助你短时间内掌握更多有效信息进行创作，优化内容的同时更可以提升我们的内容效率，如图 6-2 所示。

图 6-2　今日热榜

2. 百度指数

百度指数是一款捕捉热点话题的超级工具。比如，你现在要写多巴胺穿搭和基础款穿搭话题，但是你拿不准哪个话题更受欢迎，那么你可以到百度指数搜索两个词的热度，很快就可以得出结论。百度指数可以帮我们查看市场趋势与爆款内容，有了它就像有了一位军事，可以帮助我们更好地做判断、下决策，如图 6-3 所示。

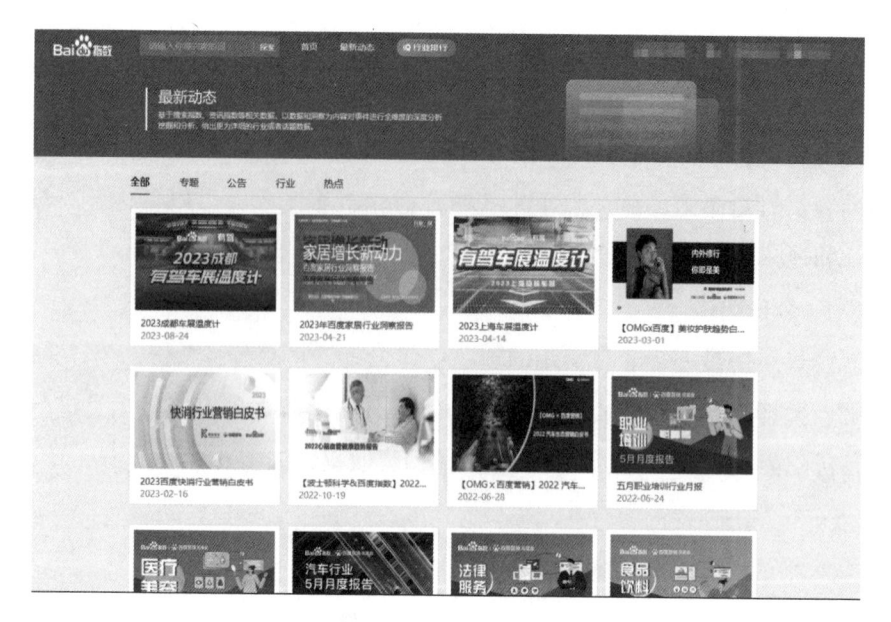

图 6-3　百度指数

3. 句读

句读非常适合文艺青年和内容创作者。这个 APP 汇集了金句、诗词、话题和好文四个板块，可以帮助你更好地获取灵感，遣词造句，并且找到同类话题的范文。它可以帮助我们提升表达层次与质感，增加内容的文采与丰富度，让我们面对任何话题都能轻松驾驭，如图 6-4 所示。

图 6-4　句读

4. 新片场

顾名思义，新片场是一个汇集全球优质视频素材的网站，内容覆盖了剧情素材、旅拍、混剪、古风、专辑等，优点是高清无水印、无广告，这么好用的素材内容库，我不允许还有人不知道！

5. 创客贴

创客贴是我使用频率非常高的一个图片 APP，这里提供了海量的图片模板，课程海报、公众号封面图、朋友圈背景图、插画图应有尽有，不管你是从事什么行业，用于什么目的，都可以在这个图片池里面找到合适的相关素材。

— 6.3 —
热门加持：4 个技巧，帮助你的内容快速上平台热门

内容能不能上热门，决定你的内容是 10 个人看，还是 1 万人看。那么你认为热门技巧重要吗？我的视频和文章曾在不同平台上过热门，最火爆的一条内容 7 天内获得了 100 万的点击，这也让我疯狂涨粉，那是我第一次见识到内容上热门的威力。今天我们就来了解容易上热门的内容有什么特点，怎么做才能让自己的内容快速上热门，带来更好的内容效益。

✳ 6.3.1 什么样的内容更容易引爆平台流量

1. 有用

"新手怎么写作更高效？这三类工具你值得拥有。""堵奶了怎么办？新手妈妈必看的保姆级攻略。""怎么向上管理你的领导，在一年内快速升职？"

这些内容都是实用性非常强的干货，读者看完觉得长知识了，就非常愿意点赞和收藏，因此这类内容是很容易冲上热门的。在内容创作上，我们要记住，多写一些对读者有帮助的内容，少发那些自嗨、自我满足型的内容。内容创作不等于发朋友圈，千万不要老是发一些短平快的鸡汤文学，

或者只是记录生活的流水账。

读者只想知道可以从你这里获得什么有效信息，而不是三百六十度围观你的生活。你吃了什么、见了什么人对于他人来说其实是没有意义的。那么，这是不是代表你的内容不能发布了呢？我们只需转换思维，把单纯的记录转变成攻略，把你吃了什么，转变为美食探店推荐，把你见了什么人，转换成有什么好的社交方法，大众定会喜闻乐见。

2. 有趣

所谓漂亮的皮囊千篇一律，有趣的灵魂万里挑一，在这个充斥着焦虑和压力的时代，谁都喜欢那些幽默、活力满满，总是带来欢乐与能量的分享，如果你能够分享一种有腔调、有态度、有情趣的生活方式，相信也会被人所羡慕和认可。比如经常就有朋友说喜欢看我的月度分享，因为里面记录了很多我平时和朋友互动、见牛人、看展、参加音乐会、自己做早餐和 DIY 手工作品、写读书笔记的内容。

分享一天可能没什么，但是坚持分享一年，别人一定会被你的自律和毅力所打动。有趣的灵魂就像一座宝藏。生活中总是有很多精彩的奇遇，有很多新鲜的活动，有很多有趣的脑洞，不要把有趣两个字想得太复杂了。一个热爱生活又敢于分享的人，本身就是一个有趣的灵魂，而有趣的灵魂一定会在别人眼里闪闪发光，不经意就吸引了很多人的目光。

3. 有料

有料和有用的含义比较接近，但又略有区别。有用指的是对别人有帮助，但不一定要加入一些新的东西，而有料指的是有自己的思考和态度，具备一定的独特性和新颖度。比如我看了吴军老师的书籍《富足》之后分享了这样一篇读后感：

吴军老师的新书，依然是干货满满，令人收获颇多，看完后印象比较深刻的是，如何用数字思维解决问题。

（1）减法思维

现在很流行斜杠青年，但是斜杠的结果就是样样通、样样松，看似啥都会，但是没有一个拿得出手。高手都是给自己做减法，把目标砍掉一大半，只剩下一个最重要的，集中力量把资源最大化，做到极致，成为专家。

（2）加法思维

很多人的职场跃迁都是效应叠加，比如文案在哪都可以获得加法效应。会做内容的摄影师会有大批的客户，开更高的价格；会写文案的美容师，她的朋友圈会更加吸引客户的眼球，黏度更高；会做文案的创业者，他在平台获取客户的成本接近0。如果你学习的技能换个领域是无效的，那么你永远都在从零开始。你认为什么能力是全行业通用的呢？

（3）乘法思维

普通人和高手的区别，在于一个是线性成长，另一个是杠杆成长。杠杆就是给人生做乘法。普通人想要获得杠杆，选对专业、找准平台、跟紧趋势是最容易的。抓住任何一个，都可以把你的努力放大十倍。

我不仅摘取了书中的知识点，还融入了自己的思考，加入了一些案例，因此这本书的知识点就变得生动和鲜活起来。如果我只是分享书中的知识，当然也能帮助到读者，但是就少了一点料。这点料可以理解为加入牛奶的方糖。没有这块方糖，牛奶是淡而无味的，但是有了这块糖的融入，牛奶会多了一分甜蜜的口感，喝起来更醇香了。

❋ 6.3.2 4个技巧，帮助你的内容快速上热门

每个人都希望自己的内容上热门，但并不是每个人都了解其中的门道。很多时候你觉得别人的内容看起来很普通，似乎找不到亮点，但就是上热门了，你感到难以理解。其实这种情况不一定是对方运气好，反而可能是它运用了以下这些技巧，具备了爆款基因，因此很容易上热门，而你的内容反响平平，也未必是因为内容不够好，有时候可能是不懂爆款的逻辑，埋没了你的才华。

接下来，让我们一起了解什么方法可以加大内容的爆款概率吧。

1. 首页热点

每个平台都会推送最新的热点内容，或者在搜索框显示关键字，这就

是给我们最好的提示了，如果我们能够根据这些提示来进行创作，就很容易受到平台的大力推荐。要知道，每个平台都是喜欢热点的，只是追热点要讲究技巧，切不可为了蹭热度而蹭热度，而是要从自身调性出发。如果你是写职场号的，那么就从职场角度来切入，而不是为了迎合流量转而去写情感内容。比如你最近追了一部热门的探案电影，怎么从职场切入呢？你可以从主人公的口才、工作能力和管理领导的角度来做文章。思维学会转弯的时候，我们的创作就会柳暗花明又一村了。

2. 创作活动

平台为了鼓励创作者产出更优质的内容，特意设置了一个创作活动的频道，点开账号后台，我们能看到不同领域的创作活动有哪些，如美妆、职场、旅行、情感、影视、亲子等。除此之外，还有一些季节性话题，比如金三银四跳槽季、春季风格打卡、换季穿搭推荐、爆款影视点评等。对于新手来说，多多参加这些活动，既可以找到合适的话题，又可以得到平台的流量扶持，可谓一石二鸟。我的一些学员就经常参加这类活动，他们发布的笔记经常获得流量推荐，上热门也是常有的事情。

3. 热门话题

每个创作者都要学会"押宝"热门话题。这类话题也许现在还没什么人写，又或者现在还没到火的时候，但是如果我们提前抢占了话题的流量，等到迎来高峰期，我们的内容就会突然火爆，带来的长尾流量是非常可观的。

我有一个学员写过一条关于结婚怎么拍照的内容，一开始的流量不好不坏，但是到了国庆结婚潮，这条笔记就掀起了热潮，每天都能收到几十个赞，即便过了一两年，这条笔记依然给他带来源源不断的流量，找他拍照的人也是接连不断。

这类热门话题有优点也有缺点。优点就是很长时间都能带来流量，带来的流量还很精准，缺点就是一开始的热度很一般，需要经历时间的沉淀。但是这类话题依然值得我们去布局，因为流量拼的是眼光，拼的也是时间，经得起时间的考验，就能一本万利。

4. 制造冲突

有一类话题很容易出圈，那就是有冲突感的话题。比如我曾刷到一条探讨宜兴紫砂火还是潮汕紫砂火的内容，评论区像炸开了锅，有人说宜兴壶闻名天下、产地直出，也有人说潮汕壶工艺上乘、质地坚实，还有人说各有各的好，一千个观众就有一千个看法。正因为话题带有争议性和冲突感，才能引发激烈的讨论。我们在打造内容时，要避免有固定答案的话题，否则大家也只能承认你说得对，也不知道说什么好了。分享一些有争议性的话题，让人忍不住想聊几句，数据就能跑起来，有热度、有话题的内容也更容易上热门。

— 6.4 —
流量闭环：公私域流量闭环，如何做好平台管理

如果现在有两匹马在拉一辆车，一匹马往前拉，一匹马往后拉，你认为轿子走得动吗？结局当然是走不动的。而我们做自媒体也有这样的两匹马替我们跑流量，一匹是公域流量，另一匹是私域流量。这两匹马负责的职能也是不一样的，公域流量这匹马负责冲先锋，私域流量这匹马负责守后门。公域流量指的是我们在任何公共平台拦截的流量，比如你在小红书、抖音、头条、视频号的粉丝，私域流量指的是我们的微信好友。如果你不能同时掌控这两匹马，那么它们根本没办法把力气往一个方向使。接下来我们一起来了解，为什么创作者要做好公私域流量闭环。

※ 6.4.1 为什么要做公私域流量闭环

在这个流量为王的时代，每个人都在拼命抢流量，但是我观察到一个很有意思的现象，那就是有些朋友流量很大，但是转化率很低，与粉丝的黏度很低，而有些朋友流量不算大，但是转化率很高，沉淀下来一批超级铁粉，做什么事都能一呼百应。我们做公私域流量闭环，就是在提升粉丝

的黏度。

你可以自查一下，你现在属于哪一种情况，如图6-7所示。

1 公域流量很大，私域流量很小

2 公域流量很小，私域流量也小

3 公域流量很小，私域流量很大

4 公域流量很大，私域流量也大

图6-7 流量的四类情况

1. 公域流量很多，私域流量很少

这种情况常见于平台博主，他们在小红书、抖音、视频号等平台吸引了很多粉丝，但是只顾着做内容输出，很少和粉丝互动，甚至粉丝都不知道账号背后的博主是男是女、长什么样。长期下来，他们的粉丝流失率很高，因为现在的内容太多了，粉丝对博主的关注一般不会超过三个月，三个月没有强化粉丝对账号的注意力，那么他可能就被你的同行抢走了。不信你回忆一下，你再欣赏一个博主，关注也是有期限的，过一段时间通常就会换人。

2. 公域流量很少，私域流量也少。

如果你的公私域平台粉丝加起来还没有1万人，想要变现就相当困难。所谓量变引起质变，想要成交转化，粉丝基础是必须要有的。毕竟，在十个人里面，能够转化一个就算不错了。公私域流量都较少的人，是最需要提升流量的。

我有一位小红书学员是做财务的，一开始她的性格比较宅，周末几乎不参加活动，但是跟着我学习一年后，产生了很大的变化，我们一起去读书会参加活动，她看到了很多优秀的老师，决定要突破自己，于是开始做主持，参加公开演讲，性格越来越外向自信，认识了很多新朋友。这时候她的微信好友比过去增加了三倍，这也带动了公域流量的增长，现在她也有一万多个粉丝了。

恰如那句话所说，重要的不是你今天的位置，而是你所努力的方向。

3. 公域流量很少，私域流量很多

我身边有很多朋友在线下做得很不错，纵横职场多年，微信好友也非常可观，但是公域流量可以说完全没有，或者很少。一段时间后，好友转化得差不多了，就很容易遇见瓶颈，这时候就需要对外开拓流量，也就是经营自己的公域平台了。

4. 公域流量很多，私域流量也多

恭喜你，这是最好的情况。这说明你平时没少输出与分享，也是一位非常有实力的人。能够获得这么多流量，一定离不开多年的经营。如果你的公私域流量都非常多，你要做的就是坚持下去，并且打造产品来筛选和留住你的付费客户。

6.4.2 如何做好公私域平台的管理

看完上文的介绍，你了解自己属于哪种情况了吗？不管是哪一种，我们都有学习和进步的空间。获得流量只是第一步，更重要的还是管理，就像一个小区住满了业主，还是需要物业部来管理一样。如果没有管理，就无法针对性地实现转化。这里我总结了一套方法，是我用了5年多时间实践出来的，它可以帮你规避引流风险，做好用户的精细化管理，提升客户黏度，让客户一秒下单。

1. 巧导流：避免平台引流的4个雷区

在公私域的互相导流中，很多朋友会不自觉踩坑，等到发现的时候，也许已经太晚了。我见过太多朋友因为不懂规则被降权、禁言和封号，因此我们必须打起十二分精神，了解平台引流的那些坑。

（1）喜欢批量发微信

很多朋友急于引流，每天都在疯狂给粉丝发私信，结果发出去的信息不是被平台屏蔽了，就是导致违规被限流，这实在得不偿失。如果我们想要引流，一定要注意方法和技巧，千万不要一口气回复你的微信给你的粉丝，也不要提到微信两个字。你可以隔开时间，每次只回复三到五个人，并且采用不同的形式来回复你的联系方式。我曾经教过学员这个方法，她引流了几百个好友都没事。

（2）无节制推广

许多平台支持创作者适当接广告，但如果无节制发广告，却会遭到平台的打压。这是平台的生态平衡所决定的，如果平台没有及时调控，读者每天都会接收到很多同质化、低俗的信息，这会影响平台的公信力与美誉度。因此，我们发推广引流一定要节制，十条内容中有三条推广是合理的比例，超过这个比例则容易被视为过度推广。

（3）提及敏感字眼

营销、推广、淘宝、优惠券等字眼很容易引起平台的降权与限流处理，如果你发现自己最近的流量无缘无故降低了，可以自查一下有没有提及敏感字眼。

（4）内容打擦边球

不要为了博眼球而去发布一些擦边球的内容，也许当时不会遭到平台的打压，但是谁也说不好会不会和你秋后算账。当你是一个小号的时候，平台可能睁一只眼闭一只眼，但是随着账号的成长，擦边信息可能会引起读者的举报与平台的处理，这类账号也就很难申请到平台的高级权限，比如小红书的品牌合作人身份。

2. 精管理：做好用户标签分类，便于跟进管理

我身边有个做车行的朋友，他在平台引流非常专业，不仅每天稳稳引流几十个，而且对加到的每个好友，都做了详细具体的备注，比如"陈婷，咨询某型号的车，预算××，到店过""王东，看中了×××和×××的车，还在犹豫比较，未到店"。

也难怪他对每个客户的情况了如指掌，而且只要他跟进的单子，就没有逃得掉的，靠的不就是这股精细化管理的精神吗？

如果你对粉丝一无所知，不懂需求，不知情况，想要转化完全就是碰运气。客户不是一天成交的，我们需要根据他的情况慢慢攻心，把服务做到客户心坎去，因此该下的功夫一点也不可少，如表6-2所示。

表6-2 粉丝标签管理

名字	咨询产品	核心需求	到店情况	意向度（ABC档）
陈婷	XXX型号	宽敞	到店一次	意向强（A）

3. 提黏度：利用社群和朋友做好信任杠杆

不知道你发现没有，如果你加了一个好友，一般三天不联系，过了三年也不会联系了。这就是现在的一个社交痛点，每个人都很忙，我们了解一个人的耐心也越来越少。这时候怎么办呢？社群就是关系破冰的方法。我曾经和一个好友不太熟，后来她把我拉进群，很快我们就在热络的氛围里聊成了好朋友。随着关系越来越亲近，我需要护肤品的时候，她就是我的首选。

社群至少有这几个优势：首先，在社群里发布消息，可以让500个人看到，也可以同时和一群人互动；其次，很多人不知道一对一聊什么，不好意思和你互动，但是每个群总有几个活跃分子，很容易把气氛带起来，待久了总有忍不住加入聊天的时候；最后，也是最重要的一点，社群可以营造一种成交的紧迫感。比如很多人在群里接龙购买课程，几个人买，你觉得没什么，几十个人买，你开始动心了，几百人买，你迫不及待下单了。社群是做好信任杠杆的练习场。

4. 强转化：4个方法，让客户追着你下单

想要让客户追着你下单，难不难？如果你学会了以下这几个方法，成交就会变得像呼吸一样简单。

（1）学员案例法

学员案例法的好处在于真实、可信度高，很容易激发客户的代入心理。具体怎么操作呢？比如你想推销一门课程给群里的朋友，你要做的不是打折出售，也不要天天吆喝你的课程写了多久、做得多用心，而是邀请你的学员分享他的改变和心得，这是最有冲击性的。因为肉眼可见的进步和变化是直击人心的。

（2）下单接龙法

社群接龙你一定玩过吧？但是很多人是消费者，很少人会去充当一个发起者，下次我们不妨尝试一下，发起链接让大家都来接龙。销售产品的时候，不接龙你的产品多畅销根本没人知道，但是一旦接龙了，为了跟上大家的脚步，很多人也会加入避免掉队。

（3）批量晒图法

有些客户比较谨慎，他的决策周期是非常长的，这时候如果不下点"猛料"，对方就会一直犹豫下去。我们必须抓准对方的痛点，进行一个围攻式的晒单，把其他客户的下单图都发到群里，让他产生一种紧迫感。

（4）优惠倒计时法

如果我们告诉客户当天购买产品需要花多少钱，那么他是不会立马下单的，但是如果你告诉他，"先生，如果今天下单，可以减免300元，这个优惠过了今天就没有了"，那么他很大可能会马上下单。反正都是要买的，拖到明天就要多花几百元啦！如果你想要让客户追着你下单，这个方法是非常好用的，那就是给他一个限制时间，错过这个时间，不仅没有优惠了，还要多花钱！

— 6.5 —

内容变现：平台主流的5种内容变现模式

平台上有四类作者，第一种是粉丝多变现也多的，第二种是粉丝多变现少的，第三种是粉丝少变现多的，第四种则是没有粉丝也没有变现的。大多数人其实是卡在中间，也就是有小几千粉丝，但是完全不知道怎么变现。好不容易账号有起色了，也涨了点粉丝，但是没有收入，很难坚持下去，这也是很多小号没办法成长为大号的根本原因，毕竟我们做每一件事都需要有正面反馈才能坚持。

本章我们重点介绍平台主流的5种内容变现模式，快来看看哪一种适合你。

※ 6.5.1 知识付费

知识付费是内容变现的主要形式之一，比如很多职场大号会推出咨询、专栏和书籍等变现内容，接下来我们来做一个具体的介绍。

1. 咨询变现

如果你是某方面的行家，咨询变现可以作为你初期变现的模式。咨询变现可以说是零成本且没有天花板的一种收入模式。如果你是整理高手，你可以帮客户解决家里杂物多、空间利用率低的问题；如果你是资深HR，你可以帮助客户解决找工作难、面试通过率低的问题；如果你是一位摄影师，你可以帮助客户解决手机拍摄效果差、构图杂乱、不会拍人像等问题；如果你是一位财务师，你可以帮助客户解决公司报税，处理财务上的问题。

总而言之，咨询对于大多数职场人来说都是一个不错的选择。你只需要把你的工作或者爱好提炼成内容分享出来，帮助客户解决问题，便能吸引到愿意为你付费的客户。

2. 专栏变现

我有一位朋友喜欢写小说，他在平台写了一部专栏小说，有30多万人订阅，假设每个人为此支付1元，他都有30万元的收入了，更别说很多小说的价格远高于此。

如果你不会写小说，也可以像我一样，把自己某方面的经验提炼出来，做8~20篇文章分享。我曾经在头条写了三个写作专栏，卖了500多份，价格在99~199元不等。这几个专栏给我带来变现的同时，也让我积累了一批不断复购的老客户。

3. 出书

我认为，出书是一个创作者有没有个人品牌的重要标志。不管你的粉丝有多少，也不管你的内容有多好，它们统统比不上出版一本书的影响力与权威性，因为好的出版社可以给你一份长远的背书，让人看到你的才华与社会影响力。再者，出书的门槛要比成为一名博主高得多，你不但要能写会说，要有粉丝影响力，还要有一定的商业营销能力。

6.5.2 号店一体

号店一体指的是在账号上面开一家线上店铺，比如我的小红书和抖音都开通了自己的店铺，目前店铺可以销售两类产品，一种是淘宝、天猫或京东上面的好物，另一种是自营销，也就是卖自己的产品，比如自己的出版物、自己店铺的东西。

关于账号开店，多人会问到这些问题：

1. 开店需要什么资质与多少成本

首先，开店需要你的账号的健康度与信誉度没有问题，也就是没有违规的情况，如果你过去有严重的违规情况，比如买粉丝、刷流量，这样的账号就很难获得开店的权限。

其次，开店分为个人店铺和企业店铺，个人店铺的开通还是比较简单的，填写身份证号与一些相关的资料即可，但是企业店铺需要上传经营证书等相关资料。

最后是大家都比较关心的话题，开店需要多少成本。一般来说，仅需要 500~1000 元的押金，且一旦你的店铺关了，则会把这笔钱退还给你。

2. 开店之后，我可以卖什么

如果你是一位实体创业者，那么上架你的实体产品完全没问题；如果你是一位作家，也可以带货自己的书籍；如果你没有商品渠道，那么可以销售淘宝、京东商城的商品。必须说明的是，我们选择的商品，务必符合账号的定位与内容，比如你做的是一个知识类账号，某天跑去卖特产就比较违和，但是如果你销售一些课程、推荐好书则不会产生冲突感。

3. 什么平台适合开店

视频号、抖音和小红书都是可以一键开通店铺的，尤其是小红书，我有很多学员几百粉丝就能开通了。由于小红书店铺是这两年刚上线的功能，因此门槛比较低，如果你的账号表现不错、活跃度高、没有严重的违规情况，都是比较容易开通店铺的。

4. 开店之后，需要处理售后问题吗

如果是淘宝、天猫和京东这些商品池的产品，那么售后问题由店铺客服处理；如果是自营的商品，则需要处理一部分售后问题，比如指导粉丝如何使用商品，以及运送过程中产生的物流问题等。当然，你也可以选择把这部分工作外包，减少自己的工作量。

5. 商品成交后，我可以获利多少

创作者的收入并不是固定的，这里的收入取决于商品的定价和分成佣金率，比如一本书的价格是49元，你卖了500本，佣金分成是15%的比例，那么你获得的收入是49*500*15%=3675（元）。换言之，你想要得到高佣金，就要选择容易卖出去且佣金率高的商品，认真留意总有适合你带货的商品。

※ 6.5.3 软文推广

软文推广是很多企业的投放重点，具体的形式是商家把自己的商品和一部分介绍发给博主，博主根据产品的亮点和自己的使用感受撰写体验类文案，发布在自己的小红书、公众号和抖音账号上面，帮助商家引流和推广。这类文案的特点就是"软"，这是相对于直接宣传产品的纯广告而言的，通常是用一个吸引人的标题让人忍不住打开内容，随后分享自己的故事，或是对热点的看法，最后再引出广告。好的软文能够让读者愉悦地接受产品并下单，不会让读者产生抗拒的感受。

那么，这类文案是怎么报价的呢？通常来说，一个点击是0.5~1元那么一条点击一万多的视频，博主的报价可能就是5000~10000元。具体的价格还需综合考量，比如粉丝黏度、点击和评论区的数据，以及往期成交量。这里只是提供一个参考范围。

至于软文怎么写，前面我们已经介绍了很多文案的写作结构，以及种草文的写作手法，这里便不做展开，不了解的朋友可以重点阅读该章节。

※ 6.5.4 培训模式

2022年开始，我被一家机构聘为某高级技能证书的培训老师，负责小红书和抖音板块的教学，在一个月内帮助学员顺利获得证书。除了培训，招生以及学员考证的事情则不必我操心。这样的培训模式时间短、收入高，是一种非常适合自由职业的工作模式。

此外，我还开发了很多自媒体相关的课程，包括小红书私教课、知乎运营课、头条变现课和爆款文案培训课。这些课程广受好评，很多学员把我所有课程上了个遍，并且加入了我的年度会员。

那么，培训模式适合什么人呢？

1. 某方面的专家

如果你在某方面有一定的经验，则非常适合做培训，把你的技能点与经验分享出来，帮助更多人。比如我认识一位咖啡店主，她非常熟悉咖啡文化与技术，经常被各大平台邀请到店里去开展咖啡品鉴活动。她把自己的咖啡创业史提炼出来，分享到网上，很快就积累了大批的客户与学员。

很多朋友在职场摸爬打滚多年，浑身都是经验，如果分享出来，一定会受到很多读者的欢迎。如果你过去积累了多年的摄影经验与案例，那么分享摄影知识是一个不错的选择；如果你曾经是一位连续创业者，你一定有很多避坑经验值得分享；如果你有多年的外语经验，那么也可以分享如何快速掌握各种语法，并且讲一口流利的英语。

2. 某方面的爱好者

热爱是最好的老师，如果你在某方面有非常高的热情，那么你成功的概率一定很大。就拿我来说，我是会计专业毕业的，但是我非常喜欢写作，读书时代就经常自娱自乐地构思很多作品，也给文学社投过不少文章，有空就往书店钻，恨不得读完全世界的图书。毕业后我也选择把爱好变成职业，在网上发布了百万字的内容，变成了一名多平台博主。与此同时，很多读者咨询我是如何写作的，表示非常喜欢我的文字，于是我把自己的经验与变现方法提炼成课程，帮助很多学员成功靠内容变现，拓展了自己的人生宽度，有了更大的圈子和见识，也真正意义上改变了自己的生活。

靠热爱改变人生的远不止我一个，我身边就有很多真实的例子。比如我认识一个大学还没读完的朋友，在所有人不看好的眼光里，她因为喜欢画画变成了获奖画家，还开了自己的画室。许多家长和孩子非常信任她，因此她的生意十分火爆。我还认识一位喜欢瑜伽的"90后"女生，因为这份热爱她花了6年时间去探索，最终把兴趣变成事业，在30岁前就开了6家瑜伽培训店。

我还采访过一位喜欢摄影的视频大咖，他的专业并非摄影，但是他从大学开始就非常喜欢摄影这件事，经常抱着一台相机到处旅行，记录那些美好的人与事。毕业工作后，他也经常利用下班时间学习摄影，当过电商摄影师，做过非遗跟拍，也尝试过公益拍摄。10年的试错与打磨，让他在非遗赛道上走出一条光明之路，成为政府钦点的视频摄影师，在网上打造了不少爆款，也因此从一个上班族变成了一名工作室创业者。

这些案例的主人公都是一些普通人，他们没有一个非常高的起点，没有父母辈的助力，更加没有什么幸运的契机，靠的只是一腔热血，是热爱这件事，彻底改变了他们的人生。是的，有梦想的人都非常了不起，而既有梦想又有执行力的人，更是万里挑一。

3. 某方面的学习者

如果你最近正在健身，可以把你学到的和经历的分享出来；如果你最近在研究AI，可以用你掌握的信息做输出；如果你最近正在学习社群运营，当然也可以分享这方面的知识。很多朋友认为一定要在某方面非常专业，才能去做培训，其实不然，所有人都是从零开始的，分享多了，自然可以慢慢变成专家。而且分享的过程更容易倒逼我们去学习，可以提升我们的成长速度，使我们变得更加自律。

每个人都可以成为培训高手，但是很多人不知道第一步怎么开始，培训又需要做些什么。总的来说，培训可以分为三个步骤：

步骤一：制作课程PPT

如果是一些比较简单的分享，可以不做课件，但如果是系统又比较多节的课程，建议还是做一个PPT比较好。一方面，PPT可以引导我们的分享步骤，让我们的输出更有逻辑和闭环；另一方面，PPT可以帮助学员梳理课程思路，让他们更容易理解和消化课堂内容，也方便他们随时进行复习，了解课程的精华内容。

步骤二：招生

招生环节是培训的重点，如果没有客源，那么一切努力都是白搭。如果你是一个新手，建议多找几个老师一起合作，分担工作量的同时，还可以集合彼此的力量进行招生；如果你自己只能招到50个人，那么你找三个同等级的老师，就可以招到150人，这是一种整合资源的模式。招生的渠道一般是自己的微信和社交平台，例如小红书、今日头条和抖音等平台。

步骤三：后期宣传

我们的课程结束了，并不代表培训就结束了，培训是长期的事情。我们不仅有第一期、第二期，还有第二十期，因此要重视宣传的长期性和持续性。我在小红书培训结束后，会把课程内容、点评案例、学员案例、好评做成一张海报发布在各个平台，把口碑扩散出去，以进行长期的招生。

※ 6.5.5 投稿变现

投稿适合那些想要快速来钱、简单省事的创作者。只需要你把稿子发给平台，下个月便可获得相应的稿酬，这和上班的模式很接近，至于平台的数据和运营日常，则不需要我们出力。因此这是一种适合做副业的模式。

那么投稿有什么模式呢？目前主流的投稿模式有两种，一种是给公众号投稿，比如富书、有书、樊登读书这类大号有长期征稿；另一种就是给传统的杂志投稿，像我们耳熟能详的《读者》《青年文摘》《知识窗》都是非常好的选择。

这里提供一些上稿技巧：

1. 了解投稿对象的行文风格

很多朋友投稿的时候连公众号或者杂志的一篇文章都没看过，投稿非常随意且盲目。对方是观点文平台，你却投了一篇小说；对方是诗歌杂志，你却投了热点文，驴头不对马嘴怎么会成功呢？对投稿对象进行摸底，这是必须做的前期功课。建议先看投稿平台的 5~10 篇文章，先把对方的风格和类型摸清楚，这样去投稿才能事半功倍。

我们需要重点观察的地方，就是平台文章的标题、案例和结构段落，以及文章字数大概是多少。

2. 投稿格式要规范

很多朋友认真写了稿子，却在投稿方式上面踩坑，导致被拒稿。要知道，编辑每天都要审核很多稿子，面对的投稿数不胜数，没人会愿意去慢慢了解你。因此你的格式一定要规范，不然投出去的稿子只会石沉大海。

第一步，检查稿件有没有错别字，行距和字号是否美观。千万不要一打开你的邮件，一大堆密密麻麻的文字堆在一起，阅读体验感很差。

第二步，要在邮件上面写清楚你的标题，注明原创首发。

第三步，正文要带上 Word 附件，方便编辑改稿。

第四步，要留下你的联系方式和作者简介。如果往期有上稿经历，可以一起写上，这样上稿的机会更大一些。很多作者忽视这一步，连个联系方式都没留下。

第五步，检查邮箱地址是否正确。

6.6
财富能量：别让不好意思阻碍你成为有钱人

《有钱人和你想的不一样》曾告诉我们一个道理，你的观念决定你是否能够成为一个有钱人。如果你内心认为钱是个坏东西，那么即使赚到钱，财富也会离你而去，你会有大把方法把钱花出去，比如借钱给别人、创业负债、跑去娱乐挥霍。反之，如果你认为钱是个好东西，那么你身上的磁场也会吸引金钱来到你的身边。

金钱也是有灵性的，它更愿意来到那些喜欢它的人身边。如果你总是赚不到钱，或者留不住钱，那么这个章节一定要认真看完。思考一下，你的金钱观念有问题吗？如果存在财富卡点，如何优雅地破解这个困局呢？

※ 6.6.1 为什么你这么努力，还没有成为有钱人

我有一位朋友是培训师，她在儿童教培方面非常专业，已经服务过多家知名的机构，累计培训超过500场，但是你很难想象，她的经济状况是非常窘迫的，甚至需要节衣缩食，过得特别清贫。

你是不是感到非常诧异，一个老师专业这么强悍，而且已经服务了这么多客户，为什么会过得如此捉襟见肘？我一开始也不明白，因为她一个人打两份工，且一直非常努力赚钱，为什么结果是这样呢？直到有一次我帮她对接了一个合作，我总算知道原因了。

那天我要给她介绍一个客户，因为都是直爽的人，关系又铁，我便开门见山问她要出场费，结果她跟我聊了半天，就是不愿意报价，把我搞得特别着急，毕竟我这边的朋友在等她的答复，好对接其他工作。

在我的一再询问下，她总算给我报了个价格，让我大跌眼镜的是，她的报价低于市场价不说，和她的专业相比，这个价格更是不值一提。不了

解她的人可能会以为她的水平很低，才会报这么低的价格，更让我没想到的是，她报完价，还解释了这个价格已经非常便宜之类的话语。显而易见，她有报价卡点。

后来有一次她约我单独见面，我见她因为工作的事情烦恼不已，直接问她，你是不是特别不好意思赚钱？她似乎没想到我直接点破她的问题，睁大眼睛看着我，之后点点头，问我应该怎么办。于是我帮她做了梳理，给她提了调整建议，那时候才听她说起，因为报价卡点，她在职场吃了种种亏。

因为不好意思和别人谈钱，她过去常被上级压工资，现在跳槽出来自由创业了，没想到又反复在这个地方掉坑。比如，她和客户报价时，总是不太自信，不好意思赚钱，因此都是给客户报成本价。有些人看穿她底气不足，还会狠狠压价，导致她近乎没有利润空间，为此她特别苦恼，虽然她非常想要赚钱，但是这样的心理和思维又一直在阻碍她迈向更好的生活。

随着我做的咨询越来越多，接触的形形色色的人越来越多，我发现存在这种卡点的朋友不在少数。有些人是因为原生家庭的影响，从小被爸妈教育要慷慨大方，要懂得自我牺牲，在他们的认知里，大大方方赚钱是一件不体面的事情，容易被看成现实和市侩。这样耳濡目染长大的孩子，到了社会也很难坦坦荡荡去和人谈钱。有些人则是受到社会的影响，羞于谈钱，认为这样伤感情。

谈钱是为了更好地维护关系，只有钱的问题谈好了，合作起来才会舒心、放心，也少了将来的扯皮和误会。有金钱卡点的人不仅很难让自己的生活过得好，他们的人际关系也往往一团糟，因为压抑自己久了，迟早都有爆发的时候，还很容易生出一种委屈感。比如老板钱没给够，你不好意思提，就很难把工作做好；客户钱没给够，你不好意思提，就很难真心实意地服务好对方。你说是不是这样呢？

想要生活变好，就要先改变你的思维模式，你的思维模式改变了，行为模式自然跟着改变。比如我提到的这位朋友，在听了我的建议后，她开始大大方方赚钱了，有了底气和自信，认为自己配得上财富，配得上更好的生活，那么这一切就会自然而然地显现，后来她的收入也确实有所提升。

※ 6.6.2 测试你是否存在财富卡点

如果你和我的朋友情况很相似，你一定很奇怪，我是怎么一下子发现她有收钱卡点的，又是怎么帮她解决了这个困扰她多年的职场问题。如果你身边没有帮你解决问题的朋友，你可以如何进行自我诊断和改变呢？接下来我们先一起做个金钱诊断吧！

○你是不是特别不好意思报价，担心客户觉得你报价高了？

○别人请你用自己的专业与技能解决问题时，你是不是不好意思开口谈钱？

○客户想要讨价还价时，你是不是就会主动让价？

○当你赚到一大笔钱时，是不是总认为自己是靠运气得到的，而不是靠自己的实力？

○你是不是特别担心被评价为拜金和虚荣，哪怕你是在靠自己的能力赚钱？

○你是不是认为金钱是罪恶的，是不祥之物？

对于以上 6 个问题，如果你的答案都是否定的，那么恭喜你，你已经走在累积财富的路上，成为有钱人只是迟早的事情。如果你只肯定其中的三条，那么恭喜你，你距离有钱人只差一步，你的人生比别人的更精彩，因为别人是一步到位地获得财富，而你需要像做任务一样去打怪通关，在这个过程中获得经历与金钱的双重财富。当你通过一关又一关后，你的人生会翻开新的篇章。

写到这里，我突然想起我接受采访时的一段对话。当时，采访者问我一个关于金钱观的问题："苏乐，为什么你的原生家庭并不算太穷，但是一直这么努力赚钱,而我出身于一个农村家庭,从小立志读书要走出这个村子,但是踏入职场后,反而没什么动力赚钱,生了小孩后,家庭的开销多了很多,我清楚自己要更努力去赚钱了,但是我就是做不到。"

彼时,她已经辞去了电视台记者的工作,成为一名全职妈妈。她坦言,对于自己的职业生涯,也曾有过迷茫,也曾质疑自己在赚钱这方面,是不是太佛系了。深入这个话题探讨之后,我才知道,在她小的时候,父亲经历创业结果负债了,这给他们的家庭带来不小的负担与阴影。从那之后,她潜意识里认为,钱是个不好的东西,不能带来幸福,却可以带来毁灭,所以从小她对金钱就没什么渴望。

而我却和她相反,我对钱的看法一直是正面的,因为我的父母一直在努力奋斗,靠自己买房买车。在我读初中的时候,我的父母一起去上了大学,当时我们全家人都在读书。也就是说,金钱给我们创造了更好的生活,给了我们上学的机会,也让我们有了自立自强的底气,因此我一直很努力赚钱,就是为了掌控自己的命运。

由此可见,不同的金钱观对一个人的人生会带来多大的影响。我的金钱观在我踏上写作这条路后产生了很大的变化。以前我赚钱是为了过好自己的生活,后来在网上写作,发现有了钱之后,我可以做更多的事情,比如做公益,比如请助理和设计师,给我们的课程体系做更好的服务,比如资助一些图书基地做图书建设。有了钱之后,生活有了更多选择,世界也变得更美好了。

说白了,钱只是一个工具,把它用在美好的地方,那么它就是吉祥物,把它用在不好的地方,它就变成万恶之源。有人因为有钱,改变了自己的生活,也开始回馈社会,为社会做出杰出贡献;也有人有了钱,开始滋生出更大的欲望,走上违法的道路。从这个层面来说,赚钱恰恰是我们修心的开始,也是我们辨别是非、掌控欲望和觉察自我的途径。当一个人能看到这个层面的时候,金钱永远不能蒙蔽他的心智,也不会主宰他的命运,金钱只是他手里的一颗棋子，心中有谱，运筹帷幄，决胜千里，人生的横纵格局掌握在自己手中。

※ 6.6.3　如何破除自己身上的收钱卡点

破除身上的收钱卡点，是不是很难？是的，如果你追求明天立马就变成一个完全不一样的人，这确实是很难，但是如果你追求的是一天天地改变，从眼前的小事做起，不断觉察和醒悟，那么改变是一件很容易的事情。

下面我总结几个方法给你，看完马上就可以行动，一年后，你一定会成为一个全新的人。

1. 肯定自己的专业与能力

很多朋友的专业能力是花了很多钱，投入很多时间打造出来的，那么你现在已经帮助很多客户解决了问题，是不是证明你的专业对人是有益处的呢？认识到这一点，就应该肯定自己的专业价值，就不会老是认为自己配不上财富。想要将自信建立在专业能力上，最好的方法，就是不断去收集客户的好评与反馈，不断积累成功案例。这些反馈将给你的自信体系打地基，积少成多、集腋成裘后，就会建起一座固若金汤的大楼，足以让你有一个自我肯定的内核。

2. 重新定义赚钱这件事

当别人为你花了钱，你是不是觉得自己有责任去做好这件事？相反，如果你不收钱，不仅对方不重视你的服务，不好好学习和参与进来，你自己也觉得没有必要投入全力，不会非常花心思去做服务。因此，收钱就是为了给客户更好的体验，也是保证客户有更强的执行力。比如面对一门免费的课程，和一门花了 999 元买来的课程，哪个你更愿意花时间去学习呢？所以，收钱是为了保证客户的利益。你不收钱，就不用对他负责，就不会提供好的服务，而他也不会将业务真正放在心上去做好。

3. 花钱体验更多美好事物

不好意思收钱，本质上就是不认可金钱的价值和自己的价值。为什么会这样呢？就像前文那位记者朋友，她说，自己都快三十岁了，几乎从来没有为自己买过一样比较贵的东西，吃穿用度都很朴素，不爱化妆，平时就绑个马尾辫，穿个牛仔裤、平底鞋就出门了。

节俭是中华传统美德，但如果我们没体验过金钱给自己带来的美好体验，我们怎么会有动力去赚钱呢，又怎么会认为金钱可以提升我们的生活质量和幸福度呢？

我的一位客户说，他每次出差旅行，一定是住最贵的房子，吃最好的食物，这不是因为他追求奢靡的生活，而是当他见过更多的好东西，体验过更好的服务，见识了更多美妙的事情，他就有了更多的动力去赚钱。如果一日三餐都是凑合，出门和别人挤，晚上住几十元的宿舍，那么赚钱的意义是什么？如此一来，赚到再多的钱，也不会带来一点的幸福感。不花钱，金钱不会给我们留下什么美好的印象，也不会带来什么生活质量的提升。

我们总是误以为赚不到钱，是能力不够，是运气不好，很少有人意识到，其根源是观念出了问题。观念转变了，自然就会去提升能力，能力上来了，运气也会越来越好，钱就越来越多。一个愿意花钱去体验生活的人，他可以保持源源不断的赚钱动力，谈到钱的时候也是坦坦荡荡。他对金钱有着客观的认知，知道这个世界的运作规律就是金钱，而人要遵从规律，顺应趋势。

4. 从原生家庭的金钱观独立出来

一个人没有从原生家庭脱离出来，没有真正独立，这辈子是很难过好的，因为绝大多数人的父母并没有很高的认知，或者说很大的格局，没办法给你的人生指路。

尤其是金钱观这件事，如果你的父母本身缺少财富，那么他们教育你的观念也根本没办法让你赚到钱。在这种情况下，建议你改变你的认知。而改变认知的最好方式，就是多去靠近富人，了解和学习他们的金钱观，学习他们的生活方式。不要以为自己有钱了才能靠近有钱人，人往往是因为认识了某些有钱人，才被带动着往有钱的方向发展。

总之，人要改变命运，首先要打破父母带来的认知。如果他们的生活不是你向往的，你想改变，首先就要树立自己的金钱观。

—— 6.7 ——
一鱼多吃：让你的写作产生多重价值

一个人写作一年，她可能变成平台小有名气的博主，收入和圈层都有了跃迁式的上升；写作三年，她可能变成畅销书作家，开始被学校和企业邀请去讲课，出场费和社会名气水涨船高；写作五年，她可能组建一支强悍的团队，变成一个知名的企业家。总之，写作带来的影响力和品牌效应，不会因为时间和空间的变化而一次性归零，反而会随着时光的推移，犹如陈年佳酿一样变得愈加醇香四溢。

※ 6.7.1 你的收入模式具有反脆弱性吗

一颗玻璃球从高处坠落，它会转眼就粉身碎骨，但是一颗乒乓球从高处坠落，受力越大，它反弹得越高，这就是反脆弱。健康的财富系统应该像乒乓球一样，不管外界发生什么风吹草动，依然有自己抗风险的能力，甚至能在风险中受益，而不健康的财务系统则相反，经不起一丁点打击，不管此刻的收入有多少，只要外界发生一点儿变化，就会全盘崩塌。那么，你的收入模式具有反脆弱性吗？

对于写作者来说，构建一个健康的财务系统尤其关键。因为写作是一件很辛苦的事情，可能很长时间看不到回报，为了更好地保持平常心去创作，就必须较长时间保持收入的稳定。

小王和小李两个人都靠写作维生。小王的收入很高，靠内容推广一个月能挣 2 万多元，小李的收入也不差，但她每个月的收入来源比较多样化，靠内容推广挣 5 千元，讲课收入 1 万多元，投稿收入 5 千多元。他们的年收入是差不多的，但是如果大环境发生了变化，某行业出现下滑趋势，你认为谁更能保住原来的收入呢？

当然是小李，因为她的收入渠道更多元，这块收入没了，她还能靠另外的渠道，另一块收入没了，她也更容易拓展新的渠道。但是小王就不一样了，一旦商家手里的预算少了，投推广少了，那么他的收入就会疾风骤雨般快速减少。

由此可见，关心年收入多少是一方面，另一方面，我们的收入还要具备反脆弱性。收入来源非常单一，这是一件高风险的事情，因为它意味着红利褪去的时候，我们可能一分钱都赚不到。

❈ 6.7.2 一鱼多吃的 3 重价值

今年春天，我去上海参加一个作家的签售会，回来的时候，我看到她的团队把这场见面会的视频素材剪辑发到了视频号，又将现场照片加上文字发到公众号，把素材分享到朋友圈，接着发到头条和其他账号。这次见面会的宣传带动了更多读者买书，而未来作者可能还会把这个见面会的所思所感写到书里。发现了没，花一份时间，就可以实现多维度的价值，这次签售会的长远商业价值是惊人的！这也是为什么有些大咖一年可以做那么多事，实现那么多目标，他们非常擅长一鱼多吃，把一件事的效益充分利用起来。

那么一鱼多吃有什么意义呢？我们为什么要花时间去做这件事？价值

体现在这三方面:

1. 提升财富的抗风险能力

小王和小李的例子足以让我们知道,一个人当前的收入并不代表永远的收入,当他能够多渠道盈利时,她的增值空间将会更大,而且这种发展趋势更加稳定。如果你现在只有一个收入渠道,那么你的收入可能会在某个时间段锐减,甚至突然之间彻底没了收入。这时候,开拓新渠道就是我们必然要做的事情。

2. 精准放大我们的努力

如果一件事,你只懂得用一次,那么这件事就只有一倍价值;如果你懂得反复利用五次,那么这件事就有五倍价值;如果你懂得反复利用十次,那么这件事就有十次的价值。懂得反复利用同一份成果,可以让我们的每一次努力被无限地放大、放大、再放大,人生将会十倍速地成长,别人还在埋头奔跑,你已经起飞!

3. 让我们的回报率更高

举个例子,如果我写了一篇文章,把它发表在一个平台,那么我只能得到一篇文章的收入,如果我把它发表在十个平台,那么我可能得到十个平台的收入。这就是一鱼多吃的好处,它可以让你付出一次的努力,得到多倍的回报。

6.7.3 如何做好一鱼多吃

看到这里,想必你非常惊讶于一鱼多吃的价值,也非常期待一鱼多吃给你的人生带来高光时刻,那么,我们到底要怎么做呢?这里分享一套思维逻辑给你,看完,你就知道何处着手、如何操作,从而让你的人生拥有起飞的势能。

第6章 选平台：向平台借势，让你的内容成为爆款收割机

1. 多赛道

在《底层逻辑》这本书中，作者提到一个概念叫增强回路，其实说的就是两个事物之间的互相加强，多赛道的本质便是如此。做个所谓的斜杠青年，不是每天干好几件事，而是在做好一件事的前提下，找到互补赛道的生存空间。

举个例子，现在自媒体已经非常饱和了，也过了巅峰期，这时候我们固守这个赛道什么都不做，很容易被洗牌出去，因为行业也存在周期。聪明的内容人会搭上AI这条快车道，做AI的训练营、付费圈子。反正都是互联网，把自媒体和AI的赛道做一个整合，就变成一条新的赛道，这样既避免了业绩下滑的风险，又不脱离原来的轨道，两个赛道之间起到了互相促进、相得益彰的作用。

2. 多账号

多账号运营也叫矩阵运营，说的就是一个人同时运营多个账号，把内容同步发表到不同平台。这样做的好处就是可以获得多份回报，比如我把头条的写作专栏同步到百家号，还可以把文章同步到十多个平台，这样一来，我的粉丝就会出现几何级增长，那么收入也会翻倍增长。

3. 多身份

我的一个读者是公司管理层人员，因为能说会道被指定为内部的培训师，后来因为经验多，影响力更大了，又被大学叫去为学生开讲座授课。他获得的荣誉不计其数，先后斩获多个奖项和荣誉称号，成为公司和学校最受欢迎的杰出演讲者。这时候，他的身份和头衔早就不再单一了，管理者、超级演讲家、企业培训师、大学老师……未来，他还打算把自己的演讲经验和职场经验相结合，打磨出版成一本书。可想而知，那时他将会有更多的身份与影响力。盘点他的人生，你会发现这是一位多方向发展的超级受益者，他将自己的演讲技能运用到职场管理中，获得了员工和领导的认可与赏识，这几个身份之间是互相促进和相得益彰的，因此他的职业发

展就像坐上快车道，踏入职场没多久就实现了三级跳。

他的故事给我们一个很大的启发——如果我们把这种多身份的模式运用到写作生涯中，也可以获得这种螺旋式上升的效果。比如，某位全网拥有几百万粉丝的大咖不仅在平台写作，还经常做公开演讲，并且出版了畅销书。他的影响力是多维度的，文章、直播、线下课、出版物，覆盖了图文、音频、视频多个场景渠道，你很难不被这位老师圈粉。如果你不看文章，他大可以开一场年度直播；如果你不看直播，他大可以出书；如果你不买书，他大可以做课程。如果这些方式都不管用，他把你身边的人圈粉了，让你不断在高铁站、机场、好友圈，在你的社交平台、音频网站，无数次看到他的身影，你说你真的可以做到无动于衷吗？当然不行。而且不知道你发现没有，这些能力几乎都是互相赋能的，比如一篇文章，既可以直接发表在平台上，又可以做成音频、视频、直播、演讲……

在人工智能大行其道的时代，很多写作者担心自己的饭碗被机器人抢了，还真有这个可能，但如果你的竞争力是多维度的，那就不必担心，一时半会儿机器人取代不了你。比如，笔者除了可以写文案，还有出版经验，还有授课能力，还有平台运营的经验与能力，可以做推广，机器人确实可以取代人类的某种能力，但是这些综合能力加起来，价值远在单一功能之上，机器人取代不了一个复合型人才。

而多身份的底层逻辑，其实就是多种能力的组合。一个人有写作的能力，有演讲的能力，有直播的能力，有设计课程的能力，有平台运营的能力，有策划线下活动的能力，有推广和圈粉的能力，他无论从事什么行业，都可以做得风生水起。因为这些能力，在互联网时代，在用户为王的时代，几乎都是通用的。

4. 多跨界

多身份是用一种能力去拓宽不同的赛道，比如我用一篇稿子去发表文章，去录音频，去做直播课，这里借助的其实都主要是表达能力，但跨界

第6章 选平台：向平台借势，让你的内容成为爆款收割机

涉及不同的领域和维度，常需要借助不同的能力。比如一位明星的主业是演戏，但业余还可以玩转穿搭带货，还可以变身模特，还可以投资公司等。但是不管行业差异有多大，其实背后靠的都是通用的人脉资源和影响力。一个明星通过演戏积攒了不错的人气，那么他开直播带货，就会有很多粉丝去捧场，也会有很多品牌愿意找他当模特带产品出圈。开店的话，粉丝也愿意为了他专门去打卡。表面来看，跨界人士已经换了一条赛道，换了一个行业，其实本质还是靠自己的核心竞争力和影响力在吃饭。

当然，跨界的含义和范畴，远远比我们想象的更加宽广，这里可以分为几种跨界：

第一，场景跨界。比如你现在有了化妆的技巧，那么你可以去做视频分享美妆干货，成为一名博主，你也可以在线下对接一些幼儿园和婚礼美妆师的单子。这是线上、线下的场景跨界，你可以靠互联网吃饭，也可以在线下接单。

第二，技能跨界。比如我有一个朋友外形优越，他既可以去拍视频，当博主赚钱，也能去当服装模特，帮商家带货，这是用同一个技能在不同的行业赚钱，我们称之为技能跨界。

第三，影响力跨界。前面提到的明星，通过演戏出圈后，他还可以接品牌代言，还可以到小红书做视频、开直播，核心都是在运用自己的粉丝影响力跨界。虽然做的事情不一样，但都需要粉丝影响力来加持。

第四，圈子跨界。你可以梳理一下自己的人脉圈，如果你的好友都是一个行业、一个圈子的，那么你的圈子非常需要跨界。笔者曾经是一家IT企业的上班族，当时还没什么认知能力，交往的朋友不是程序员就是文案写手，几乎都是上班族。后来成为一名职业写作者，通过互联网和线下活动链接到各行各业的大咖与专家，圈子变成了一个混合型的生态圈，有开画室的创业者，有健身教练，有美容顾问，有金融投手，有保险顾问，有插花创业者，有书法老师，有开车行的朋友，有经营琴行的老师，有英语

老师，有环球旅行家，有畅销书作家，有陶艺老师，有财务公司的老板，有咖啡店主理人，有读书会的组织者……这些不同行业、不同领域的人，让我看到了一个更大的世界，也让我遇到不同的问题时，总是能很快找到专业的老师。不同圈层的碰撞，让我们更容易打破信息差与认知差，获得更丰富的知识与资源。跨界圈子是一只看不到的手，它会在你不知道的地方，不断推动你的快速成长。

"20世纪70年代，格兰诺维特在波士顿近郊区域调查了100名不同职业的人，其中有54人是通过个人关系找到的工作，但是这些个人关系中，只有16.7%是每周至少能见两次面的强关系，其他全都是很少见面，甚至一年也见不了一次面的弱关系。"

这就是知名的弱关系理论。如果你身边都是熟人，那么你们掌握的信息与认知都是差不多的，他们很难给你的成长注入新的血液，而那些不太熟的人反而会掌握你掌握不了的有效资源，从而在关键时刻帮助你。因此，在平时的社交中，我们至少要保持一半的弱关系。比如你五一放假五天，是不是除了和熟悉的老友聚会，几乎就没有新的关系交集了？如果是，那么你的成长大概率会和你原来的圈子保持同步。也就是说，你圈子里最好的那个朋友，大概就是你的发展天花板了。如果你是一个注重发展弱关系的人，那么你很大可能会突破你的熟人圈子，领先于你身边的人。

由此可见，当你变成一块海绵的时候，哪怕你和身边的牛人没有直接的交集，但是他们说过的一句话、做过的一个举动，都足以改变你的一生。

第五，左右脑跨界。人类的左右脑掌管着不同的功能，左脑也被叫作逻辑脑，掌控着你的分析、观察和判断能力，右脑被称为情绪脑，负责着你的情绪、情感、艺术与创造能力。我身边有这样一位全脑人才，他平时是一位从事IT行业的上班族，周末则是一位从事摄影创作的创业者。他的左右脑都得到了锻炼和发展，左手逻辑、右手艺术，既能理性思考也能感性创作，这给他的人生带来了平衡，也拓宽了他的职业生涯路径。

如果你是一位脑力或者艺术工作者，那么寻找一份互补型的副业是一件非常棒的事情。就拿笔者来说，如果我从事单一的脑力工作，很容易压力大，对情绪的感知能力和共情力也会钝化。那么如何寻找一份互补的艺术类工作呢？我最近迷上了心理学和亲子研学，那么未来我有可能会去考证和继续精进，不断拓宽自己的人生边界。有了丰富的情感感知力，也可以带动我的写作思考，让输出变得没有瓶颈。

— 6.8 —
团队架构：多平台运营，如何安排团队的人员配比

"不懂团队管理，你就一个人干到死。"在投身自由职业的第三年，我终于对这句话有了深刻的体会。因为专家型思维，我更喜欢凡事亲力亲为，总觉得自己做比培养一个团队更高效。直到事情越来越多，生活越来越忙碌，我才意识到，没有自己的团队，精力很快就会被掏空，很多事情注定有心无力。于是我开始培养自己的团队，有了自己的摄影师、设计师和社群运营助理。团队的建立使我不再单打独斗，也让我意识到分工合作的重要性。在一人商业的时代，一个人完全可以活成一支队伍，但是，如果你一个人就能包揽所有事情，也注定了你身边无人可用。你的商业模式无法复制与放大，那么你的发展很快就会达到瓶颈期，甚至被行业洗牌出局。尤其是多平台、多渠道发展的自由职业者，你无法事事做到一百分，倒不如抓大放小，把专业的事情交给专业的人，把自己解放出来去搭建更高维度的事情，从而获得更大的回报率。

这节的内容主要告诉你，打造个人品牌为什么需要团队，如何快速搭建高效的团队，以及如何更轻松地管理团队。

6.8.1 个人品牌发展的 2 个阶段：钟摆式周期与水平式稳定期

"周期不是从一个事件到另一个事件，周期是一个事件引发一个事件。"读了大量的经济周期理论后，我发现个人品牌和经济发展趋势不谋而合，同样存在一个钟摆式的周期变化，现在还是上升期，过了下个阶段可能就是衰退期，但是再过一段时间，可能又抵达了另一个巅峰，就像时尚是一个轮回一样，曾经微商的 DIY 图片定制杯子、抱枕和手机壳成为过去，如今一个 AI 绘画又把它带回到大众视线。

总的来说，我们的个人品牌分为两个阶段，一个是个人奋斗的上升到下降的周期，另一个就是团队搭建保持稳中有进的发展期。个人品牌就在不断波动的周期中，持续地发展着。这里以我个人的品牌发展为例子，帮助大家更好地理解这个历程。

1. 第一周期：个人发展

2018 年我成为一名自由职业者，认真经营着多个平台，两年就积累了几十万粉丝，多家企业的培训部门与出版社伸来橄榄枝。与此同时，我也意识到平台的流量越来越少，红利期已经退潮，图文领域逐渐被视频取代，个人发展已经到了一个瓶颈期。这时候转型是必然的了，那么往哪里转呢？切入视频领域是一个不错的选择，但是不久的将来，它也会像曾经的图文领域一样，红利过去，遭遇流量减少的发展瓶颈。何况，我了解到很多百万级博主的变现与粉丝量是不匹配的，因此我在不确定的环境中拥抱了确定因素，也就是培训和出版赛道，我相信这两个赛道不会过时。

我的流量已经不少了，转化和变现是刻不容缓的事情。如何永远地抓住客户，打造长久的商业模式，这是我应该去考虑的问题，在内容输出层面之上，我更要考虑拉新、留存、激活、转化，构建一套体系化的打法。

2. 第二周期：团队发展

当我独自从零到一搭建了个人品牌的基础和框架后，如何在行业变化中获得更大的生存空间，更考验着我。为了应对挑战与变化，我不得不建立团队帮助我从繁忙的事务中解脱出来，从而有更多时间与精力去平衡工作与生活，同时搭建人脉圈，发展新业务。要毁掉一个人是很容易的，只要让他忙到没时间思考，没时间学习与成长，那么职业发展也就到头了。与其等着那一天到来，不如更早地做好准备，随时拥抱时代的不确定因素。

你肯定很好奇，当我有了团队之后，我每天在忙些什么。我依然要做课件 PPT 和直播讲课，但是我的社群管理有了专业的人手去对接，还有了专业的设计师帮我做出更精美的学习手册与宣传海报。我依然要写文章与书稿，但是图片设计与音频制作我可以外包给更专业的老师。当我开发了一门关于出版的新课，我就找了一位播音专业的美女硕士帮我录制，这样我就少了很多工作，可以把更多时间拿来健身、旅行、社交和学习，这些事情又会赋能我的职业发展，让我有了更多人生阅历，有了更大的圈子，有了更高层级的思维与认知。每一件事好像都是孤立的，但如果你站在更高维度去审视的话，就会发现这些事都作用于同一件事情。它们之间互相关联、互相辅助，就好像每片叶子都是独立的，但它们组合起来，就变成了一棵枝繁叶茂、深深扎根大地的千年古树。

❋ 6.8.2 团队成员从哪来

打造个人品牌的第三年，我有了组建团队的想法，于是在公众号发了推文，希望寻找几名助理，帮我完成对接客户、管理社群与设计海报等工作。文章发出去的当天，我的邮箱就收到了 20 多封求职信。经过一轮面试，最终我选择了两名"90 后"女生作为我的助理。

如果你不清楚如何去寻找合适的团队人选，我有几个不错的建议分享给你：

1. 从课程学员中筛选

我和我的海报设计师已经合作了两年，他非常靠谱、主动和负责，每次我让他帮我设计图片，白天还有其他工作的他，一下班马上帮我着手这件事，并且对我提出的建议总是不厌其烦。有时候我觉得图片已经做得很好了，他自己还觉得不够完美，非要做到自己满意为止。我的海报设计师经常帮我设计课程宣传海报和书本精华知识地图，对导图设计和各种图片软件的运用都非常熟悉，合作起来非常愉快。这么好的设计师从哪来的呢？原来，两年前他报名了我的一门知乎课程。他每次听完课都会主动设计一张精华海报分享给群里的小伙伴，这种主动、利他的行为，很快就引起了很多小伙伴的注意。课程结束后，他主动申请成为我的海报设计师，希望跟着我学习更多知识。那时候我才知道，原来他是一名斜杠青年，白天在工地上忙着主业，晚上就成为一名头条写作者，已经有小几万的粉丝。于是我爽快地答应了他的要求，他也因此加入了我的知识星球。

从课程学员中筛选合作人选，成本会比较低。首先，对方参加了你的课程，对你的个人品牌会更加熟悉与认可，这种链接会减少磨合成本。其次，付费的才是真爱，很多人嘴上说着非常认可你，但当你掏心掏肺地教会对方后，人家却马上跑路了，这是因为你对他的付出大于他对你的付出，因此他离开你没有成本。如果你想要维持愉快的合作关系，就不能一味付出。唯有双方都有所付出，彼此才能更珍惜合作关系。

2. 从超级铁粉中筛选

我一开始不懂管理，有人适合就马上招揽进来，结果痛心疾首地发现，我掏心掏肺带的人，撬走了我的客户，还拿了我的经验去开课。后来我反思了一下，其实问题不在对方身上，是我太毫无保留了，对人性缺乏认识。于是我总结经验，调整了筛选机制。以前我会对有能力的人委以重用，哪怕我对这个人毫无了解，与他也没有交集，但是现在我会从我的超级铁粉里面选择合作对象。因为我知道，如果对方只是想向我学习，带着这种获利的目的跟在我身边，那么只要他学会了我的所有技能，马上就会一脚把我踢开，但是如果他一开始就认可我的价值观，有感情基础，那么他的忠诚度会提升不少，就算他最终选择离开，一般也不会变成我的对手。

3. 从熟人圈子里筛选

成为自由职业者之后，我的熟人圈子更加活跃了。一些十余年没有联系的老同学，开始因为业务上的关系而重新建立联系。过去，大家在不同的城市、不同的行业工作，互相缺乏联系和交流；现在，因为我在新媒体上的发光发热，他们了解到我的价值，会主动地联系我，还会把他们身边的人脉推荐给我。这真是一件神奇的事情，如果我们没有努力发出自己的光，彼此的感情可能就会被时间的尘土渐渐掩埋，但是如果你在自己热爱的领域发光发热，那么别人就会重新发现你，被你的光芒吸引。假若你正要寻找一位合作对象，从熟人圈子筛选就是一个不错的选择，除了知根知底，你们过往的交情还能为你背书，让他人为你带来更多的人脉。

经过十余年，甚至更长时间的积淀，很多小伙伴已经在各行各业扎根，只要你有一双发现美的眼睛，总会从他们身上发现亮点。这些亮点就是合作的契机，就是重建联系的桥梁。我们不仅要多分享自己的生活动态，吸引他人来主动寻求联系，还要时常关注身边人的变化，主动寻找建立联系的契机。比如，我与一位初中同学十年没有联系了，过去我们常讨论文学，但后来我发现她还有配音的技能，于是在我需要一位配音老师时，我们一拍即合。我们早已蒙尘的同窗情谊，经过这一次的链接，又一次焕发光彩。

❋ 6.8.3 如何更好地对接配合，做好团队管理

团队管理并不是一件轻松的事情。不是每天在群里鼓励、动员，没完没了地开会总结，就能真正提升战斗力了。真正会管理的人懂得把流程简

化，把精力放在重要的事情上，激活团队的创造力与凝聚力，让每个成员的才华都充分发挥。

那么，如何对接工作才能提升团队的效率呢？下面的内容将会帮你拨开迷雾。

不知道你有没有遇到这样的情况：在交接工作的时候，花费了很多时间去沟通，对方却还是不明白，或者听完后又忘记了，总得来回请示。如果合作的对象多了，每一次对接都需要这样去折腾，不仅双方疲惫不堪，主职工作也耽误了。这样的工作模式肯定是不行的。我也在对接团队的时候遇到过这种情况，后来把工作流程和指标梳理固定下来，才一劳永逸地解决了这个麻烦。不管来的人是谁，只需要把一份文件发过去，省去了烦琐的沟通环节，而且有了白纸黑字的文档留存，双方的责任和界限就有了一个清楚的划分，避免了以后的推卸责任。

我把这个过程定义为工作模板化：把一些重复的、有框架、可复制的工作内容像流水线一样保存下来，方便对接与交付。

举个例子，我们每年都要开很多期课程培训，其中很大一部分是社群管理。我有好几个社群运营助理，每期合作的人选也未必一样，如果每次都要把流程重复沟通一遍，其实是对精力的巨大消耗，因此我就把社群运营的规则、流程、话术和每日任务梳理出来，做成了一份文档，每次直接发给助理就可以。有了这套固定的流程，就算对方经验不足，看完也能懂个大概了。

这样做还有一个好处——经验共享，团队共创。一些助理的运营经验比我还丰富，有的是从大厂出来的，经过无数次的实战，有的则是自己比较爱学习，每次加入社群都会拆解大咖的模式，渐渐吸收了很多实用的经验，他们看完我的工作模板，会给我提出不错的建议，我马上将其添加到这份文档中。这样一来，流程化的工作变成了一种团队共创，可以增加彼此的黏合力。

值得一说的是，工作流程模板化（图6-8），也有几点是要注意的：

时间因素：要把执行时间和截止日期交代清楚。

任务目标：要让团队成员知晓每一件事的目标，而不是只负责执行。要让对方知道，执行到什么程度才算达标，这样有利于激发成员的创造性和主动性。

分工明确：比如社群运营这件事，可能涉及多个人手，有人负责主持，有人负责跟进作业，有人负责点评，有人负责销售转化……需要提前把每个人的事务分配清楚，否则就像三个和尚没水喝一样，人手多了，事情未必干得更漂亮。

分解量化：每一个大任务都要拆解、细化，变成5分钟就能执行的事情，这样别人才能看得懂。比如，课程结束后要推出一个会员制服务，那么具体需要做什么、怎么做？如果把这个任务拆解为制作一张宣传海报、在具体的时间发送宣传海报、发放往期好评，这样就非常清晰了。把这个任务交付给任何一个助理，对方都能看懂。

❋ 6.8.4 赛马管理，提升团队战斗力

我们都听过田忌赛马的故事，齐国大将田忌和齐威王赛马总是输了，熟悉兵法的孙膑听说此事，便给田忌出了一个主意，田忌听话照做，果然赢了比赛。

这个主意操作起来非常简单，田忌只需要把赛马的顺序调换一下，让下等马和齐威王的上等马比赛，上等马和齐威王的中等马比赛，中等马和齐威王的下等马比赛。

以小见大，举一反三，田忌赛马的故事也告诉了我们团队管理的一些道理与方法。每个团队成员的能力和优势都是不同的，如果我们不懂他们的特点，盲目派对方去完成任务，那么胜负就要看天意，但如果我们在了

※ 爆款写作的底层逻辑

任务目标

要让团队成员知晓每一件事的目标,而不是只负责执行。还要让对方知道,执行到什么程度才算达标,这样有利于激发成员的创造性和主动性。

分解量化

每一个大任务都要拆解、细化,变成5分钟就能执行的事情,这样别人才能看得懂。

时间因素

要把执行时间截止日期交代清楚。

分工明确

需要提前把每个人的事务分配清楚,否则就像三个和尚没水喝一样,人手多了,事情未必干得更漂亮。

图 6-8 工作流程模板

解不同成员的特性与能力之后，把他放在合适的位置，那么很有可能他会创造出更大的效益，也不会埋没了才华。

这一管理策略被广泛运用于企业管理，特点是快速反应、快速迭代，可以对人才资源起到合理公平的分配管理，极大提升团队运转的生产效率和战斗力。

从赛马中衍生出的另一管理策略是末位淘汰。毕竟，如果不相互比较，管理者就选不出上等、中等和下等马。让团队成员公平利用工作中的资源进行竞争，能力强者可获得更高的权利地位。这种机制被广泛运用到大型团队的管理当中，优势是快速筛选、公平分配、优化人才。

在小团队的管理中，当然也可以参考这种机制，但是我认为这样过于没有人情味，因为就算一个看起来比较一般的人，只要被放到合适的位置，一样可以焕发光彩。

我曾经招过两个助理，她们在同个时间段来到我的身边帮忙，但是磨合了一段时间，我发现她们的性格与优势完全不一样。第一个女生非常踏实勤快，运营社群的时候非常有亲和力和凝聚力，大家都很喜欢她，但是她的灵活性和主动性不是很强。第二个女生则非常灵活和具有创造力，互联网技能样样精通，小到活动策划、PS和导图设计，大到对个人品牌和团队发展的定位，都有自己的想法和创意，但是她不太愿意去做一些常规、重复性的工作，也不太喜欢在群里和大家聊天互动，她更喜欢扎进自己的世界里学习和思考。

我不会去考虑谁的能力更强，只会考虑她们各自的性格、优势与能力，把她们放在合适的位置。一开始，我把她们都放在社群管理的岗位，后来发现第二个女生不太合适，因为她几乎不冒泡，更不要说对社群的黏合起到什么正向作用了，但是她的图片设计非常优秀，又有创意和执行力，于是我把她放在其他岗位上，后来我们合作得也很顺利。

在这个过程中，我发现了管理并不是说要去淘汰谁，要去碾压谁，要去榨干谁，而是要以鼓励与理解为主。她们刚刚和我接触的时候，对社群运营并不是很了解，但是成长很快，没多久就可以独当一面了。我相信每个人生来都有他的天赋与优势，眼前的工作没做好，并不代表其他方面都不行，很可能只是职能与个人的特质与热情不太匹配。

赛马的最终目标不是竞争与淘汰，而是暴露成员能力与优势的手段。管理者凭借赛马的结果重新调整人才布局，把合适的人放在合适的位置，才能发挥出团队的更大潜力。

这一章节主要介绍了向平台借势的落地方法，包括如何选择平台，如何在平台上进行复制，如何利用平台的周期，如何在运营平台时进行团队管理。这些是每个写作者的必修课。

在这里，每个人都需要将写手思维转为操盘手思维，转为领导与决策的思维，这样才能在写作的路上走得更远。毕竟，有复合思维与斜杠思维的人，往往更具综合竞争力。

第 7 章 如何借助 AI 写出爆款文案

谷歌母公司 Alphabet 的首席执行官孙达尔·皮柴说："人工智能是我们人类正在从事的最为深刻的研究方向之一，甚至比火与电还要更加深刻。"

但是，面对 AI 的迅速发展是有人欢喜有人愁的。一批反应快速的领先者已经通过 AI 提升了自己的工作效率，赚到了第一桶金；而一批反应慢的观望者还守着固有的一亩三分地，一边恐慌，一边被市场逐渐淘汰。在写作领域，AI 的迅速发展也引起了一场产业变革。如果大公司都用 AI 生成文案了，那么写手们该何去何从呢？

— 7.1 —
AI 文案的价值超乎你的想象

当新技术刚刚出现时，许多人的第一反应是质疑而非了解。面对 AI 也不例外，尽管如今 AI 生成方案已经成为大势所趋，还是有很多人固执地停留在看不懂、看不起、不学习的阶段。其中，某些大拿认为 AI 写的方案过于呆板、生硬，没有取代人类写作的价值。但他们不了解的是，AI 是不断进化的，它具有进化性和灵活性。此外，以当前的 AI 来看，很多时候，我们能够得到一个满意的答案，取决于我们的提问质量。因此，当代的写作者很有必要学习利用 AI 输出方案的方法。本节我们将一起了解，学习该方法的价值与意义。

7.1.1 适应大环境的职场需求

目前，许多岗位招聘已经加入了新的要求——熟练使用AI。不仅是写作岗位，还有设计师岗位和运营岗位，更多的岗位都在拥抱这项技术，因为写作这项技能已经是职场基础能力了。由此可见，未来用AI写作的趋势也将势不可挡。

如果我们现在每个月需要撰写一定数量的文案，招一位写手需要几千元甚至上万元的月度支出，而文案的质量和数量都很难保证，而AI写作是稳定、高产且价格低廉的。经过前期的高密度训练，AI就能够高效率生成符合逻辑且自然流畅的文案，我们只需稍加修改，便可使用。从成本、效率和质量三方面来看，企业不使用AI是不符合常理的。AI写作的普遍只是早晚问题。

如果等到大家都在用了，你才入局，那就晚了。既然一定有人要成为第一波赚足红利的人，那个人为什么不是你呢？另外，如果你自己更早一步把AI玩明白了，还可以教给员工与同事，那么你很可能就会成为团队里拔尖的人才，这时候想不升职加薪都很难。我有个朋友就把这个技能在团队里传播开了，现在得到了领导的青眼。如果他能带动团队提升效率、优化成本，那么领导对他的重用想必也不会少。

7.1.2 提升写作效率

在保证质量的前提下每天输出一万字，你能坚持多久？这对于大多数人来说，简直难如登天，但是对于AI来说，在算法和素材库的优化下，这是毫不费力的。试想一下，过去你一天最多只能写一篇文章，质量还不一定非常好，但是有了AI之后，你每天可以批量生产很多内容出来，这对于你的效率是不是提升了？效率提升了，我们的收入是不是也会跟着提升呢？

7.1.3 提升创造力

AI 的最大作用,其实不是帮助我们写文案,而是激发我们的创造灵感。举个例子,你现在需要输出文章,可是脑子里完全没有灵感,这时候,你可以把关键字投喂给 AI,AI 马上就能给你产出一篇还算不错的内容。

比如你想要输出一篇科幻类文案,你可以给 AI 三个关键字、外太空、咖啡、穿越,AI 可以通过庞大的信息库帮你策划一篇优质的故事出来。看完之后,也许你会受到更大的启发,"原来还可以这么写"。

另外,如果你现在完全不知道要写什么选题,也可以根据你的主题让 AI 给你一些建议。比如,输入"帮我写 10 个职场拒绝内耗的爆款选题"。跨出第一步之后,写作是不是变得容易多了?

7.2 创业者如何用 AI 帮忙写朋友圈

身为一名内容创作者,我们如何把 AI 和行业结合起来,让它帮助我们更好地写朋友圈呢?这节我们将一起来学习创业者如何用 AI 写朋友圈文案,包括旅行文案、美食文案和产品文案等内容。

7.2.1 AI 可以帮你写生活类文案

我的一位客户是实体创业者,平时对于朋友圈打造非常重视,每天都会雷打不动地更新朋友圈,把自己的学习思考、生活享受和家人互动分享出来,因为朋友圈是她和客户互动与连接的一个重要渠道。

但是更新动态对她来说也是非常消耗精力的事情,每次构思文案都需要占用她不少时间。自从我教她使用 AI 来写文案之后,她的工作轻松了不少,有了更多私人时间来陪伴家人和体验生活。现在她一晚上可以写几十条朋友圈，一个月的朋友圈，她现在花几天的工夫便能轻松完成。

AI写作到底是如何被她灵活运用在朋友圈写作上面的呢？

比如，她假期带着家人一起去上海旅行，分享了当地的很多美食、风景与文化。她的文案几乎都外包给了AI助手，只需要给AI一些关键字，便可得到一条不错的朋友圈文案。比如，她想要写一条关于上海古镇的文案，可以提问："帮我写一条关于川沙古镇的100字文案，关乎历史、文化和背景。"借助AI助手，很多人称赞她的朋友圈文案写得越来越好了。

以下是AI助手根据该提问输出的文案：

川沙古镇，位于上海市浦东新区，是一座充满历史底蕴和文化精髓的古老小镇，有着悠久的历史背景和丰富多样的文化遗产。这里曾经是上海的商贸中心，承载了大批历史文化遗迹。

川沙古镇距今已有千余年的历史。它与江南水乡的风格相似，有着保存完好的街巷、仿古建筑等，展现出浓郁的江南风情。步行在古老的巷弄中，仿佛穿越时光，感受着历史的魅力。

此外，川沙古镇还以其美食而闻名。这里有许多传统的江南菜肴，如本帮菜、酱菜等，以口味独特而著称。品尝当地美食，细细品味，定会给您带来舌尖上的享受。

川沙古镇蕴藏着丰富的历史文化和独特的地方特色，是一个值得一游的古老小镇。无论是追寻历史的脚步，还是感受江南风情，都能在这里得到满足。快来川沙古镇，领略这个古老小镇的魅力吧！

从历史背景，到建筑特色和美食佳肴，AI助手对古镇做出了完整的介绍，让人可以迅速了解这个地方的特色，增加我们的文案内涵，让读者产生向往之情。如果我们的朋友圈文案能够结合AI给出的内容进行优化，就不至于玩完一个景点却无话可说，不知道从何下笔。AI助手能提供一定的文化输出，提升朋友圈的质量。

我们再来代入一个场景：周末客户带着小孩去体验手工画活动，那么她如何结合AI来进行朋友圈文案写作呢？

1. 普通提问

我：写一条关于周末亲子参与手工画活动的文案。

AI：周末，和宝贝一起参与手工画活动，亲子时光温暖而有趣！为职场妈妈留下珍贵的回忆，让孩子展现小小艺术家的才华。体验共同创作的快乐，培养孩子的创造力与耐心。让我们一起发挥无限想象力，用画笔书写美好一天！

这篇文案的内容有些简单了，显得空泛无力，缺乏感染力，我们再来优化提问指令。

2. 进阶提问

提问关键字：具体要求 + 适合人群 + 字数限制

我：请帮我写一条关于周末亲子参与手工画活动的文案，要求适合职场妈妈阅读。字数保持在 200 字左右。

AI：周末，职场妈妈们大展身手，与宝贝共同参与创意手工画活动！放松身心，享受亲子时光的同时，培养孩子的手眼协调能力和创造力。让我们一起用色彩填满生活，为孩子带来独特的成长体验。让我们的家庭更加温馨，让忙碌的生活变得更有意义！

这次的文案多了一些场景和细节感，但是感染力不太足够，我们可以再来升级提问指令。

3. 高阶提问

提问关键字：赋予专家身份 + 具体要求 + 适合人群 + 字数限制

我：你现在是一位朋友圈文案专家，请帮我写一条关于周末亲子参与手工画活动的文案，语言要具备细节感和场景感，要求适合职场妈妈阅读。字数保持在 200 字左右。

AI：周末，阳光洒进房间，微风轻拂窗外。与孩子们一起，感受创意的魔力，让我们空降到彩色的乐园！拿起调色板，挥洒着丰富的色彩，一幅幅独特的手工画在眼前逐渐呈现。你，骄傲的职场妈妈，倾注着爱与耐心，与孩子们共同完成每一笔，不仅培养了家庭情感，更提升了孩子的想象力和创造力。周末亲子参与手工画活动，一次别样的探索之旅，收获满满的快乐与温暖！赶快加入我们，释放心灵的艺术激情吧！

很明显，这次的文案远比前面两个更加生动细腻，很容易让人产生联想和代入感，让人心生向往之情，更容易让观众看完愿意行动起来。

通过三次提问的演示，想必你已经明白，AI 具有镜像效果，你的提问简单，AI 给出的回答也就非常肤浅化，你的问题有明确的要求和范围限制，具备深度，AI 的回答也就有指向性和个性化，能够彻底表现出人工智能的魅力。

那么，你在平时使用的是哪种提问方式呢？现在知道如何优化自己的提问内容了吗？

7.2.2 AI 写作可以帮你写产品文案

不仅是生活类文案可以交给 AI，就连专业的产品文案，也可以统统交给它代劳。要写出一条产品文案，需要非常熟悉产品的特性，比如它的材质、尺寸、用途、适合人群，这样才利于我们和 AI 交流。

比如，给 AI 下指令，"帮我写一条关于 ×× 产品的文案，包括特色、质地、可以给客户带来的好处，字数 100 字"。它可以在几秒内帮你生成一条还不错的文案。下面我们来看几个例子，相信你会有更直观的感受，见证 AI 的强大功能。

案例一：家居产品加湿器

提问关键字一：产品名称 + 字数限制 + 突出功能效果

我：帮我写一条关于加湿器的产品文案，要求 200 字左右，突出产品的功能效果。

AI：这款加湿器采用先进的超声波雾化技术，能够在空调吹出冷风时，增加室内湿度，有效缓解干燥、喉咙痛等问题。其独特的旋涡出水口，可调节水流出量和雾化度，让您的空间变得更加湿润舒适。智能感应技术，无须按键操作，自动运行，缺水自动停机，让您和宝宝们更加安心使用。加入芳香精油，更能净化空气、增加空气清新度，享受健康品质生活。

这一文案不仅谈到了技术原理、功能效果，还锁定了使用场景和人物对象，避免了推广词的生硬感，更贴近用户的生活场景和内心需求。

提问关键词二：产品名称+字数限制+购买人群+用户痛点

我：请帮我写一个加湿器的文案，字数100字左右。购买人群是家里有宝宝的家长，请结合这类人群的痛点和需求进行编写。

AI：宝贝的健康成长是每位家长最为关心的事情之一。而室内空气干燥常常会给宝宝带来不适，例如咳嗽、眼睛干涩等问题。为了解决这些痛点，我们推出了全新的加湿器。此款加湿器采用先进的雾化技术，能够有效增加室内空气的湿度，创造一个舒适的湿润环境，让宝宝远离干燥的困扰。同时，它还具备过滤空气中的细微颗粒，保证室内空气清新、无污染的功能。操作简单，安全可靠，适用于各种空调型号，方便家长使用。选择我们的加湿器，为宝宝提供一个温暖湿润的成长环境，守护他们的健康。

针对人群的痛点，AI对文案进行了指向性的功能描述，如"采用先进的雾化技术""增加室内空气的湿气"，突出安全、舒适度高、专为宝宝设计，让家长倍感这款产品的价值和贴心设计，看完就想给家里的宝宝也准备一台。消费变成了一种亲情投资，这给用户的心理感受是不一样的。

案例二：手机壳

提问关键词：产品名称+字数限制

我：帮我写一个关于手机壳的文案，字数100字左右。

AI：我们的手机壳采用环保材料制作，不仅外观美观，而且保护您的手机不受日常使用中的摔打和刮擦损伤。我们的设计注重细节，每个孔位都精确到位，不影响使用。同时，我们提供多样化的款式，以适应您不同的个性需求。让您的手机焕然一新，更加时尚个性！

这个AI文案从材料制作出发，进一步延伸到使用场景、细节设计和款式丰富，很好地适应了用户的多样化需求，触发了用户想要快速下单的欲望。但是它描述的场景需求太多了，面面俱到就意味着很难针对性地戳中用户的痛点，我们再来细化一下。

提炼出具体的某个场景，给AI下达不同的指令：

提问关键字：产品名称 + 字数限制 + 场景痛点 + 目标效果

我：帮我写一个关于手机壳的文案，字数100字左右。用户对象是一群手机高频用户，经常摔坏手机。请结合这个场景痛点进行描述，让用户看完就想下单。

AI：《给你的手机一道坚固的保护屏障》

你是否经常为手机意外摔落而心痛不已？为了解决这个使用场景的痛点，我们特别推荐给您一款高性能手机壳。这款手机壳不仅外观时尚，还采用了最先进的防摔技术，完美保护您心爱的手机免受意外伤害。

我们深入研究了手机高频用户的需求与痛点，专门设计出一款坚固耐用的手机壳。无论是突如其来的碰撞还是意外掉落，我们的手机壳都能为您的手机提供全方位的保护，轻松抵御各种冲击。

我们选用的材料具有出色的防摔性能，经过精密的工艺处理，确保手机壳紧密贴合手机，不易脱落，从而有效增强手机的耐用度。同时，我们的手机壳完全符合人体工程学设计，精细的打磨让您的手握起来更加舒适。

无论是日常使用还是户外运动，我们的手机壳都能轻松应对。让您再也不用担心手机摔坏的问题，全方位保护您的手机。赶紧行动，给您的手机一道坚固的保护屏障吧！

点击立即下单，让我们的手机壳为您的手机提供全面保护，让您的手机更加耐用，时刻与您并肩前行！

面向特定的人群，AI给出了针对性的解决方案，从材料、贴合度、人体工程学等角度做出了精准的描述，不仅体现了专业度，也提升了文案的说服力，一定程度上可以提升用户下单的概率。

案例三：国产奶粉

提问关键字：产品名称 + 人群对象 + 年龄范围 + 字数限制

我：帮我写一个关于国产奶粉的文案，字数100字左右，奶粉适合1~3岁的宝宝食用。

AI：为1~3岁宝宝精心研发的国产奶粉，选用优质奶源，在科学配比的基础上添加多种营养元素，包括钙、铁、锌、维生素等，全方位补充宝宝所需的营养。采用国际领先的生产技术和专业团队，每一罐奶粉都经过严格的品控检测，安全、健康、可信赖。更有纯天然的配方，符合宝宝的生理特点，为宝宝成长提供最优质的保障。让您的宝宝健康、快乐地成长！

AI 以娓娓道来的分享口吻，从奶源、营养配比、生产技术和品质监管等角度全方位介绍了奶粉的特点和质量。走心的分享更容易打动用户。

但是奶粉的面向人群很广，不同的人群可能有更细分的需求，这就需要我们针对特定的人群定制个性化的文案，因此我们可以继续对 AI 进行提问。

提问关键字：产品名称＋字数限制＋卖点方向＋实现目标＋语言特点

我：帮我写一款国产奶粉的文案，100 字左右，要求把奶粉和母乳相似的口味作为卖点，使宝宝更容易接受奶粉，实现妈妈帮助宝宝戒掉母乳的目的。语言要有亲和力，能够共情新手妈妈喂母乳的痛点。

AI：宝宝的成长始终是新手妈妈最牵挂的事情。我们理解您希望为宝宝提供最优质的营养，同时又不舍得割舍母爱的滋养。因此，我们特别研发了一款国产奶粉，既拥有口味上与母乳相似的优点，又能满足宝宝多元化的需求。我们的奶粉经过精心调配，采用天然优质原材料，保证了其口感的亲和力，仿佛就是来自妈妈怀抱的温暖。它将给予宝宝同样的满足感和安心感，使他们更容易接受奶粉，逐渐实现妈妈的期望，帮助宝宝戒掉母乳。在这个全新的旅程中，我们深知新手妈妈喂母乳的痛点。因此，我们向您承诺：我们的奶粉不仅关注口味的相似，更关注营养的均衡。我们通过严格的生产标准和质量管控，确保每一罐奶粉都能为宝宝提供全面的营养配方，满足他们的生长需求，让您安心无忧。我们始终坚守着对每个宝宝健康成长的责任感，致力于为新手妈妈提供最好的选择，让母爱与奶粉完美融合。让我们携手迈向更加美好的明天！

这个文案完全站在新书妈妈喂母乳的角度来撰写，很好地表达了妈妈内心的需求，把妈妈的心情和担忧描述出来了：一方面希望孩子戒掉母乳，另一方面又担心孩子不适应。这款奶粉有的放矢地进行专门研发，很好地解决了妈妈们的后顾之忧。

7.2.3 如何给 AI 下指令，才能获得高质量的文案

对于初步使用 AI 协助写作的朋友来说，如何下指令才能获得我们要的文案呢？

我们来看有关奶粉的两段文案：

文案一：我们的奶粉选用优质原料，在科学配比的基础上精制而成，富含多种营养物质，为宝宝提供全面的营养保障。采用先进的生产技术和严格的品控流程，确保每一罐奶粉的安全和卫生。我们致力于打造健康无忧的喂养体验，让宝宝茁壮成长，更加可爱、幸福！

文案二：为 1~3 岁宝宝精心研发的国产奶粉，选用优质奶源，在科学配比的基础上添加多种营养元素，包括钙、铁、锌、维生素等，全方位补充宝宝所需的营养。采用国际领先的生产技术和专业团队，每一罐奶粉都经过严格的品控检测，安全、健康、可信赖。更有纯天然的配方，符合宝宝的生理特点，为宝宝成长提供最优质的保障。让您的宝宝健康、快乐地成长！

同样要求 AI 写一段关于奶粉的文案，你认为这两者哪个写得更好呢？我相信大家都会认同第二段文案写得更好，因为它更具针对性和细节，不仅谈到了宝宝的年龄段，还介绍了营养元素，更有利于宝宝的茁壮成长，给家长一种为宝宝量身定做的感觉，忍不住想要下单为快。

而第一段文案虽然还可以，但是它看起来好像套在什么奶粉上面都适合，没有针对特定的宝宝，给人公式化的感受，读起来还不错，但就是给人一种不走心的感觉。

就好像你夸一个人很漂亮，对方并不会觉得这是真诚的夸奖，因为这种话套在谁身上都管用，但如果你换个方式夸她，指出她五官非常符合三庭五眼的分布，看起来非常精致；穿搭方面也很显品位，不但衣服和耳环的颜色做了呼应，而且衣饰采用红蓝的撞色搭配，整个造型看起来更加时髦，富有张力，有一种上海女人的复古摩登感……那么她一定会觉得你的赞美很真诚。

好的文案就是紧扣细节，能够多角度去阐述观点，给人一种用心在写作的感觉。第二条奶粉文案正是使用了这个原理，针对性地说出宝宝的年龄段，还非常细致地介绍了奶粉的营养成分。

如果你想要 AI 给出走心的回答，那么就需要提升你的指令水平。一般来说，我们在提问时，需要注意这三点：

（1）给出三个关键字，比如你要写一则奶粉文案，可以给出：宝宝、奶粉、文案。

（2）限定范围或者目标群体，这样写出来的文案会更加契合用户需求。比如，我想让 AI 帮我写一则关于家居产品的文案，那么我可以加入"职场女性用户群体"这个指令，接着就会得到这样一条文案：

对于追求品质生活的职场女性来说，家居产品是重要的一部分。我们精选了高品质的原材料和工艺，以最好的质量和设计呈献给您。我们的家居产品不仅是实用的物品，更是细节品位的一种展现。无论您是在闲暇时与家人共度时光还是忙碌的工作日中放松身心，我们致力于为您打造一个舒适、有品位的家居环境，让您的品质生活更加完美。

看到没，如果我们添加人群信息，AI 文案就会针对这个人群的生活场景与心理需求去撰写，特别突出了职场女性的生活品位，也凸显了家人相处和工作放松的多功能场景，以此强调了这款产品在实用价值之余，对职场女性的附加价值，精准地吸引职场女性的注意力。

如果我们没有加入人群指令，AI 可能就会大而空地给出一段空洞、没有细节的文案，使人读起来非常平淡、乏味，缺乏吸引力。

换言之，AI 文案能不能满足你的需求，全在于你如何给它投喂信息，如何给它提示语。如果你既没有提供人群信息又没有提供背景信息，那么它写出来的文案自然没有针对性。

（3）提供相关的素材。AI 的深度学习能力并不亚于人类，在给出指令之前，可以先给它一篇范文让它进行学习，然后参考这篇文案的框架和风格，重新写一篇优质文案。

比如，一位朋友想要 AI 帮忙写一段有关亚克力文创作品的文案，图像是关于《千里江山图》的，于是给 AI 下达指令，"帮我写一个关于《千里江山图》亚克力文创画的文案，要包含《千里江山图》的文化内涵和亚力克文创的制作过程等内容"。

第一次提问时，朋友对于 AI 给的文案并不满意，里面提到的制作过程和文化描述和现实相比有些偏差。我教他先给 AI 输送一段他认可的文案，之后再提问相关的内容，他复制粘贴了一段文字给 AI，之后再叫它重新写一段文案，果然，这一次的文案就非常接近他的需要了。AI 也许不是无所不能，但是它的学习模仿能力却叫人感到惊奇，只需不断投喂给它高质量的信息，它就可以变成你的私人订制文案助理，如图 7-1 所示。

给出三个关键字
比如你要写一则奶粉文案，可以给三个关键字：宝宝、奶粉、方案。

限定范围或目标群体
我想让 AI 帮我写一则关于家居产品的方案，那么我可以加入职场女性用户群体这个限制范围。

提供相关的素材
给出指令前，先给 AI 一篇范文进行学习，让它参考这篇文案的框架和风格，重新写一篇优质文案。

图 7-1　向 AI 深度提问的方法

— 7.3 —
如何用 AI 批量写出小红书文案

互联网时代，很多朋友都想借助自媒体打造个人品牌，但是对于零基础的朋友来说，这不是一件轻松的事情。尤其是对于不熟悉互联网的朋友，有时候写一个句子都要绞尽脑汁，这无疑大大增加我们的时间成本，效率也低。当我们学会用 AI 批量生产小红书文案之后，便可以快速创作内容，成功运营个人品牌。

❋ 7.3.1 借助 AI 批量写文案的 3 个步骤

为了帮助更多朋友打造小红书账号，我把这套 AI 写作的方法分享给很多客户朋友，他们都表示发现了新大陆。之前他们以为必须用电脑经过多个烦琐步骤才能操作 AI，没想到用完我的这套方法，下班后一小时就能写几十条文案了。

步骤一：给 AI 输入指令。如："新手如何快速打造马甲线，可以从饮食、运动和平时的习惯给出具体建议吗？"

步骤二：收集 AI 文案，并且进行后期的修改。对于一些不符合事实的文本，我们应该注意调整。

步骤三：发布到小红书账号，测试不同选题的火爆程度。一旦发现某个话题的内容比较吃香，便可以在短时间内大量生产文案，快速锁定赛道，让用户通过搜索相关的关键字，就能快速找到你，从路人变成粉丝再变成客户，如图 7-2 所示。

❋ 7.3.2 借助 AI 批量写文案，需要注意 4 点

尽管 AI 批量写作非常实用高效，但并不代表 AI 写作完全没有缺点，更不代表我们就能完全让它取代我们的写作过程。在使用 AI 创作的过程中，我们仍然需要注意这 4 点：

（1）理解 AI 的局限性，选择合适的网站和软件。AI 目前还无法像人类一样理解、思考、创造和表达情感，因此，让 AI 写出有情感的文案是一个挑战。如果没有选择合适的平台，很难获得比较好的写作效果。笔者测试了几款文案工具，发现它们还是稍有区别的。有的 AI 网站非常不稳定，说停就停；有的对指令的理解比较迟钝，常常答非所问。总体还是认准大厂

※ 爆款写作的底层逻辑

给 AI 输入指令

"新手如何快速打造马甲线，可以从饮食、运动和平时的习惯给出具体建议吗？"

收集 AI 方案，进行后期修改

对于一些不符合事实的文本，我们应该注意调整。

发布到小红书账号测试选题数据

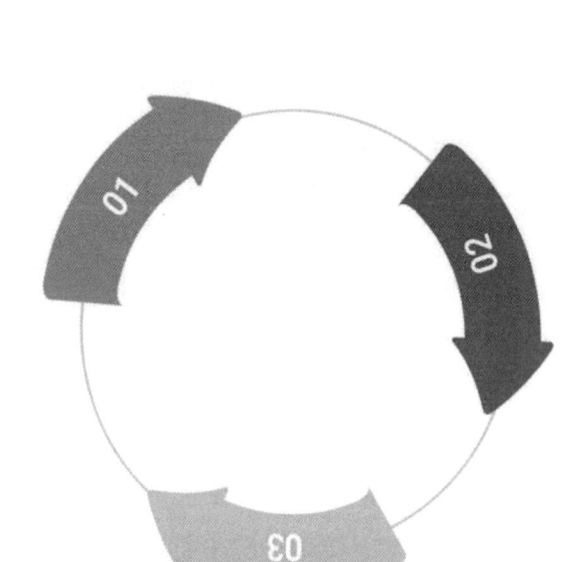

发现某个话题的内容比较吃香，便在短时间内大量生产文案，快速锁定赛道，让用户通过搜索相关的关键字，就能快速找到你，从路人变成粉丝再变成客户。

图 7-2 结合 AI 撰写小红书文案的步骤

214

研发的网站比较靠谱。

如果你想要领取靠谱的 AI 网页，可以添加苏乐的微信 HSX614369002，备注 AI 快速领取。

（2）确定目标受众，从读者角度出发提出好问题，毕竟好问题才有好答案。AI 毕竟还是机器，它没办法像人类一样与读者产生一对一的交互，很难真正去了解读者的兴趣与心思，因此它需要我们与读者产生交集后提出合适的问题。比如，你是一位运动博主，如果你想要让 AI 写出符合期待的文案，需要了解你的用户需求。用户是想学习打造马甲线还是小蛮腰？他们是想要上私教课还是大课？区别用户的需求之后，才能给 AI 下达更具体的指令。

（3）优化写作训练数据。要让 AI 能够真正地完成文本生成，需要给它大量的输入和数据进行训练。AI 的底层逻辑是自然语言的深度学习，也就是通过人类训练之后，模仿人类的语言生成文本。如果你为 AI 提供丰富的素材库，让它进行大量的文本训练，那么它就会变得更加智能和灵敏，更容易给出你要的答案。

因此我们需要对 AI 不断进行训练，就像员工入职一样，要花一点时间来培养它，直到合作起来更加高效和默契。

（4）注重人机结合，从而让小红书文案变得更加精准和优质。AI 文案只是初稿，如果想要让文本更加契合账号风格，我们还需要进行后期的调整。就好像 AI 针对我提出的问题"如何借助 AI 写作来打造小红书账号"，输出了一篇洋洋洒洒的文章，但是后期我仍然需要润色与处理它。这一方面可以避免侵权问题，毕竟 AI 没有原创能力，它更多的是模仿和整合网上的内容。另一方面，AI 是机器，它的语言是不具备风格与特色的，基本都是同一个描述框架，经过后期处理，AI 文案可以更加贴近我们的写作风格，账号才能更具辨识度。即便有了 AI 写作助手，也要记得保持我们的写作风格，只有带有个人特色的内容、差异化的表达，才能在同质化严重的内容平台中脱颖而出。

总的来说，想要让 AI 成为写作路上的超级武器，就需要不断训练和调教 AI，喂给它更庞大的信息与更丰富的知识。经过进化学习，AI 的文案将更接近人工文案。

— 7.4 —
AI 可以写哪些文案

很多朋友面对 AI 写作的态度是好奇与焦虑，少部分会选择尝试与参与。我曾经把 AI 网页分享给很多朋友，发现大多数人根本不知道 AI 可以用来写文案。很多人仅仅是出于好奇，选择与 AI 进行交互式对话，但是真正用它来写文案的人少之又少，甚至很多人认为 AI 只能写些特定的模板化文案，很难在日常生活中广泛地使用，这种看法完全是一种偏见。AI 写作的用途与适用场景比你想象的多得多。总体来说，AI 写作常见于这几种工作场景，如图 7-3 所示。

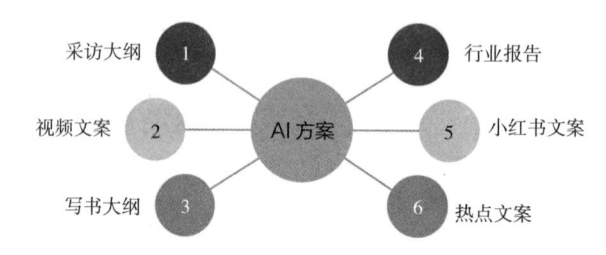

图 7-3　AI 可撰写的 6 种文案

❋ 7.4.1　采访大纲

我最近在小红书关注了一名体育记者，对她的采访经历非常感兴趣，因此尝试用 AI 生成一份采访大纲，没想到它给出的大纲还蛮不错的，提到了一些我没有思考过的角度。

当然，大纲的完备程度取决于你提供了多少信息给它，通常提供的关键字越多，它给出的答案就越丰富。比如，我向它提供了这些关键词：年龄、身份、居住城市、采访事件。具体来说，你可以这样问："我想采访一位非遗讲师，她是一名"90后"，接触非遗工作已经有3年多了，可以帮我生成一份采访大纲吗？"

✵ 7.4.2 视频文案

我曾用AI生成了几个视频脚本，它们的质量参差不齐。有的很离谱，有还蛮中肯的。这说明AI的信息库还不是很完善，有些问题超出了它的认知范围，就没办法给你一个比较好的回答了。

比如，我向AI提问："帮我写一款美白面霜的视频脚本文案，要求200字，要突出产品的功效与亮点。"

以下是AI给出的文案：

主人公：年轻女孩。

场景：年轻女孩在镜子前抹上美白面霜，感受到肌肤变得更加透明亮丽，自信满满。

导语：想要拥有明亮透明的肌肤，却总是苦于找不到一款适合自己的美白面霜？现在，我们为你推荐一款能够改变你肤色的面霜——美白面霜！

亮点1：采用最新科技，加入多种美白成分，能够渗透到肌肤深处，防止黑色素的生成，从而迅速净化肌肤，提亮肤色。

亮点2：同时，美白面霜也能够深层滋润肌肤，修复肌肤细胞，提高肌肤的免疫力，从而让肌肤更加细腻、有弹性。

亮点3：无论是长期的护理还是短暂的使用，美白面霜都能让你肌肤光彩照人，散发迷人的光芒。

导语：让我们一起来尝试这款神奇的美白面霜，让你变得更加美丽动人！"

我们只需在这个文案的基础上进行调整与修改，便可以快速得到一条还算不错的视频文案，减少我们的思考时间与创作时间。

7.4.3 写书大纲

如果你想写一本书却不知道从哪写起,这时候就可以借助 AI 完成一份标准大纲。比如,我想写一本关于副业变现的书籍,那么我可以给 AI 下指令,"麻烦帮我写一本关于副业变现的书籍大纲"。

以下是 AI 给的文案:

1. 副业的意义和重要性

(1)副业的概念和定义

(2)副业的意义和价值

(3)副业的益处和挑战

2. 副业选题和规划

(1)副业选题的方法和技巧

(2)副业规划的基本流程

(3)副业规划的实践例子

3. 副业变现的方法和途径

(1)线上副业变现方法

(2)线下副业变现方法

(3)副业变现的注意事项和风险

4. 副业实践案例和经验分享

(1)副业实践案例分享

(2)副业经验与教训总结

(3)副业成功的关键因素

5. 副业变现的未来和趋势

(1)副业市场的趋势和发展动态

(2)副业变现的未来前景

(3)如何抓住机遇,实现更多的副业变现

结语:打造财富自由的新时代副业变现之路。

对于副业变现的课题,AI 有它自己的理解与逻辑,可以帮助我们补充更多思路。

当然，AI 的大纲也是存在局限性的，看起来缺乏个性化。AI 很难结合你的创作亮点和个性去生成一份量身定做的大纲，更多的只是提供一个思考方向。我们需要取其精华，再结合自身的经历，以及对这个选题的理解来拟一个目录大纲。

建议你先写下关于某个话题的思考，记录下来所有关键词，再向 AI 提问，然后通过整合思考生成一份更有价值的书稿大纲。

❈ 7.4.4 行业报告

AI 获取数据和整合资讯的能力远超人类，人类用一周搜集到的资讯，AI 用几秒钟就能搜集完；人类用一天整理和编辑的文案，AI 技术几秒钟就能快速编辑好。

比如，你可以向 AI 提问："请帮我写一份关于人工智能的职场报告，内容包括 AI 的发展历史、未来趋势、行业情况与相关的案例。"

❈ 7.4.5 小红书文案

AI 文案的强大之处，在于它可以模仿任何平台的风格。假设你让它帮你写一则关于珠宝的小红书文案，它可以很好地生成短平快风格的内容，极大地匹配小红书平台的特点与用户阅读的习惯，在结尾处还贴心地为你打上话题＃珠宝＃翡翠＃创业。

从文案设计到编辑工作，AI 写作都能替你一键完成，而你只需要对该文案进行后期的润色和调整，使它更贴近你的表达风格与用户需求。

❈ 7.4.6 热点文案

一个话题火了之后，你想要抢占先机，就需要快速生成一篇优质文案来获取流量，这时候 AI 写作就能派上用场。比如最近《在小小的花园里面挖呀挖呀挖》这条视频火爆全网，有人爆料该视频为这位博主带来了 400 万的粉丝关注，这种现象在获取流量困难的今天，可谓是可遇而不可求。那么我们可以向 AI 提问，该视频走红的原因是什么？普通人可以从中获得什么启示？

热点之所以是热点，就在于它的热度高。在互联网时代，信息的更新迭代速度非常快，无数热点就像雨后春笋一样冒出来，但如果我们不抢先输出内容，这个话题的热度很快就降低了，同质化内容也会高度饱和，那时候的文案就很难引起大家的关注。因此，在需要拼手速的时代，AI 是帮助我们提升热点文创作效率的神器。

— 7.5 —
大师级提问：AI 高效创作的 4 个方法

提问质量决定了 AI 的回答质量。同样一个网站，有人用 AI 写出一篇高质量的文案，有人获得的答案却是平平无奇，这是因为使用的人不一样。

对于会提问的人来说，AI 就是"屠龙宝刀"，对于不会提问的人来说，再好的工具也是一堆破铜烂铁。本章将会带你了解，如何高效利用 AI 进行创作，以下 4 个可复制的方法太实用了！

※ 7.5.1 提供尽量多的关键字

同样是为了了解出书信息，如果你输入"如何出版一本书"，那么 AI 很难给你一个好答案，因为这个问题不够具体、详细，但是如果你将问题换成"普通人如何在一年内快速出版一本书，可以给我一个详细的计划吗"，那么 AI 就会给出非常详尽、可操作的回答。因此我们在输入问题时，要注意信息是否完善，最好包含人物、事件、时间和地点。

如果你问 AI，"请帮我策划一条关于亲子研学的文案"，得到的答案肯定是大而化之的。你可以加入更多信息，"请帮我写一条关于在青岛游学的亲子研学文案，读者对象是六岁小孩的家长"。在这里，我们加入了人物以及具体的地点，那么 AI 给出的文案会更有针对性，给人一种量身定做的感觉，更容易写到用户心里去。

❖ 7.5.2　使用多个网站整合信息

AI 网站越来越多，我们用不同的网站去搜索同一个问题，得到的答案可能是不一样的。因此我们可以使用多个网站去搜索同一问题，再把搜集到的所有问题做个汇总，这样我们的思考角度会更全面，也更系统。

❖ 7.5.3　多角度提问

还是以出书为例子，如果我想要了解如何出书，那么我可以用多个角度来提问："普通人如何出版第一本书？""普通人如何快速出版第一本书？"不同提问得到的答案也是完全不一样的。前者强调普通人的身份，后者则强调快速这个时间因素。你还可以强调出书的渠道。要了解同一事物，我们可以从不同的角度去提问，将 AI 的功能发挥到极致。这样一来我们得到的信息就会相对全面。

❖ 7.5.4　进行身份设置

你可以给 AI 设定一个角色，如写作教练、专业导游理财专家，然后让它给你一些建设性的意见，比如"请你以产品经理的角度，给我介绍一下该岗位的一些具体工作要求。"

想要 AI 给出高质量的回答，前提是你懂得这些方法，提供尽可能多的关键字信息，使用多平台整合内容，多角度提问，进行身份设置。

— 7.6 —
创作者如何拥抱 AI 的变化与挑战

由于 AI 的强大功能和快速出圈，很多朋友把它传得神乎其神，以至于引起很多写手的恐慌和危机感。近来很多企业也宣布引进 AI 技术来帮助进行文案撰写，尝试将其应用于更多商业场景，那么，写作者可以被取代吗？

我的回答是，分情况。如果你是一位 50 分（百分制）水平以下的写作者，AI 要取代你是非常简单的，因为它写得又快又好，你在它面前毫无竞争力可言，但是如果你的文案水平高于 50 分，并且具有自己的写作辨识度与个人品牌，那么 AI 短时间内很难取代你。

与其去担心将来被 AI 取代，丢了写作的饭碗，还不如想想，我们如何利用 AI 减少一些简单、肤浅的文案工作，如朋友圈文案、采访大纲文案、文案脚本，把更多精力用在更高维度的竞争上面。

那么，对于写作者来说，我们到底该如何去拥抱 AI 时代的到来呢？

※ 7.6.1 多元化发展

大部分文案遵循某种模板，比如单位公文、新媒体文案和产品文案，这些都是可以套用公式与模板写出来的，而这恰好是 AI 擅长的领域。如果你除了写文案，还有平台运营、用户运营的能力，且自带流量池，拥有出版经验，那么你的竞争力就会从 50 分提升到 80 分。AI 在社交交互性和创造力这一块依然存在不足，这是人类碾压人工智能的地方。

普通人需要根据自身兴趣、优势和市场需求等考虑多元化发展，培养多种技能和能力，增强竞争力，同时保持灵活性和适应性。比如你过去只会写文案，可能很容易被 AI 取代，然而，如果你除了写文案还能出版著作、讲课、运营平台，那么 AI 将难以取代你。

❊ 7.6.2 不断学习

普通人需要不断学习，跟上发展变化的潮流，不断提升知识和技能，提高自身的核心竞争力。

然而面对 AI 的变革，许多人还在沉睡中，或者是还在装睡。有些人觉得，"AI 不就是机器人吗？有什么了不起的？"

有人说，未来的社会只有两种人，一种是会使用 AI 的人，另一种是不会使用 AI 的人。AI 的革命性也将体现在对人类财富与资源的重新分配。掌握 AI 的使用技术，已经成为未来必备的生存技能，如果你未来不能使用 AI，就像不会使用手机一样，连职场生存都是问题，很容易变成边缘人。

❊ 7.6.3 寻求新的职业机会

一些职业可能会因为 AI 技术的发展而消失，但同时也会出现新的职业机会和市场需求，普通人应该寻找新的职业机会，并不断接受转型和进修培训。

未来，职场可能会出现 AI 训练师、AI 工程师、AI 技术提高师、AI 推广者等岗位，基于 AI 衍生的职业将不计其数。你猜，是一个持续研究 AI 的人能更快抓住机会，还是连 AI 都不知道怎么使用的你？

如果你想要了解 AI 的行业资讯，可以密切关注知乎、领英、小红书、招聘网这些平台。

❊ 7.6.4 发挥人类优势

AI 虽然拥有某些方面的优势，但人类也有自己的优势，比如创造力、创新能力、沟通交流能力等。普通人需要充分发挥这些人类优势，让自己不被 AI 取代。

如果说未来有什么能力是 AI 永远无法取代的，那就是人类的软实力，比如高情商、沟通能力、演说能力、社交能力。如果你的竞争力仅是写作，那么你的处境确实很危险，因为 AI 在写作上表现得比人类更加出色，但如果你既会写作，又会讲故事，还自带圈子与影响力，那 AI 永远无法取代你。

总之，面对 AI 技术进步带来的机会与挑战，普通人需要保持积极态度，寻找新的机会和途径，不断学习和提升自身技能，充分发挥人类优势，从而在充满不确定的环境中立于不败之地。

杨澜在《人工智能真的来了》这本书中说："无论过去、现在，还是未来，人类最大的敌人就是自己！机器没有善恶，它们只是放大了人性的善恶。中国人工智能学会理事长李德毅院士预言：'更可能出现的情况是，不同利益的人群，带领各自的机器人相互博弈、对抗，而不是人类在一个阵营，机器人在另一个阵营。'"

不管你是积极拥抱还是抗拒焦虑，AI 时代的革新已经不可阻挡。未来已来，你做好准备了吗？